AF525557

Fabian von Poser

Lesereise Argentinien

Fabian von Poser

Lesereise Argentinien

Tango, Steaks und Pampasgras

Picus Verlag Wien

umfassend überarbeitete Neuausgabe
der Fassung von 2008

Grafische Gestaltung: Dorothea Löcker, Wien
Umschlagabbildung: © nickalbi / AdobeStock
Druck und Verarbeitung:
EuroPB, s.r.o., Tschechische Republik
ISBN 978-3-7117-1104-5

Informationen über das aktuelle Programm
des Picus Verlags und Veranstaltungen unter
www.picus.at

Inhalt

Heilige Evita, ewige Evita

Eine Spurensuche in Buenos Aires

Es war ein finsterer Tag. Die Gehsteige der ansonsten so belebten Avenida Corrientes waren wie hochgeklappt. Der Nebel hatte die Dächer fest umschlungen. Der Himmel war fahl und grau. Hier und da fielen ein paar vereinzelte Regentropfen aus den Wolken und machten den Aufenthalt im Freien ungemütlich. Ein feuchter Wind wehte vom Río de la Plata durch die engen Häuserschluchten hinauf in die Stadt. Unten am Hafen suchten ein paar Heimatlose unter zusammengeschobenen Wellblechplanken Schutz. Einige Straßenkreuzungen weiter, im zweiten Stock des Gebäudes der Arbeitergewerkschaft CGT, waren die Rollläden heruntergelassen. Evita lag da wie eine Wachsfigur. Das blonde Haar fiel locker über ihre Schultern, das Gesicht sah beinahe jugendlich aus. Die porzellanfarbene Haut schimmerte, darunter konnte man die Zeichnung der Blutgefäße erkennen. Doch statt Blut flossen Formaldehyd, Paraffin und Zinkchlorid durch ihre Adern.

Wie einen Schatz hatte Dr. Pedro Ara, der Einbalsamierer, sie gehegt und gepflegt, die schmächtige Gestalt, die bei ihrem Ableben kaum mehr als dreißig Kilo wog. Hatte immer wieder ihre Haut gereinigt, Fixiermittel aufgetragen, sorgfältig die Zimmertemperatur geprüft. Drei Jahre lang tagein, tagaus dieselbe Prozedur. Durch das Gemisch der ätherischen Öle, die Ara täglich neu auftrug, verströmte der Körper einen angenehmen Duft. Eine halbe Ewigkeit war seit ihrem Tod vergangen, doch Evita sah unversehrt aus. Trotz des ständigen Zwielichts, trotz der fast drei Jahre währenden Einsamkeit lag die Hoffnung der *descamisados*, der Hemdlosen, beinahe lächelnd da. Jetzt selbst nur noch mit einem Hemd bekleidet: dem Totenhemd.

Lorenzo Olarte schlägt die Hände über dem Kopf zusammen. »Dort lag sie«, sagt der untersetzte Mann mit der rechteckigen Hornbrille und deutet auf den mächtigen Holztisch in der Mitte des Raumes. »Bis man sie fortschaffte.« Das Gebäude der CGT in der Calle Azopardo 802 hatte Evita am Höhepunkt ihres Wirkens 1950 der Arbeitergewerkschaft als Geschenk vermacht. Drei Jahre lang war sie nach ihrem frühen Krebstod im Juli 1952 in dem kleinen Saal im zweiten Stock aufgebahrt, bis die Leiche von den Militärs, die ihren Ehemann, den Präsidenten Argentiniens, Oberst Juan Domingo Perón, 1955 zur Flucht zwangen, entwendet wurde und für fast zwei Jahrzehnte verschollen blieb.

Lorenzo Olarte ist ein Peronist der ersten Stunde. Seit der Gründung der Partido Justicialista, der peronistischen Partei, im Jahr 1946 ist er ihr Mitglied. Heute genießt der gedrungene Mann, dessen spärliches Haar sich wie eine Schleife um die Halbglatze legt, ein großes Privileg: Auf seine alten Tage wurde ihm die Verantwortung für die »Sala Evita« in der CGT übertragen. Zwar kommen kaum Besucher in das winzige Museum, das nur aus zwei Räumen besteht. »Weil diesen Ort keiner kennt«, sagt Olarte. Trotzdem ist das Innere bis heute stets mit frischen Blumen geschmückt. An den Wänden hängen alte Zeitungsausschnitte und Fotos, die Vitrinen sind gefüllt mit Utensilien aus dem Leben Evitas: ein paar Stifte, ein Schreibblock, einige Kopftücher. Auf dem Tisch, auf dem die Leiche einst aufgebahrt war, thronen zwei argentinische Fahnen. Dazwischen liegt liebevoll hindrapiert das Banner der Arbeitergewerkschaft CGT. Selbst die Rollläden sind an diesem Nachmittag hochgezogen und das kühle Licht des argentinischen Winters dringt in den Raum.

Wie kaum eine andere Person berührte Eva Perón die Seele eines ganzen Volkes. Der Engel der Armen, die Hoffnung der Hemdlosen wurde von großen Teilen der argentinischen Bevölkerung wie eine Göttin verehrt. Und von anderen bitter gehasst. 1919 als uneheliches Kind eines Großgrundbesitzers und einer Köchin im *Pampa*-Kaff Los Toldos geboren, machte sich Eva María Duarte schnell auf, um der Tristesse ihrer Heimatstadt zu entfliehen. Bereits im Alter von fünfzehn Jahren verließ sie im Schlepptau des *Tango*-Sängers Agustín Magaldi die Provinz in Richtung Buenos Aires. Ihr Ziel war klar: Sie wollte ganz nach oben kommen. Um das zu erreichen, bändelte sie mit allen an, die ihr irgendwie hilfreich sein konnten. Mit Tänzern und Schauspielern, mit Künstlern und Geschäftsleuten, mit Militärs und anderen wichtigen Personen oder solchen, die sie dafür hielt.

In der Hauptstadt angekommen, trat die junge Evita zunächst als Kleindarstellerin in verlotterten Theatern und als Statistin in unbedeutenden Filmen auf. Nach einigen kleineren Rollen folgte eine Anstellung beim Radio. Das Radio war es auch, das sie mit Oberst Perón zusammenbrachte. Er hatte sich gerade mit einigen Offizierskollegen an die Staatsspitze geputscht und zog als Arbeits- und Kriegsminister die Fäden hinter der neuen Regierung. Sie war das kleine Sternchen, das sich mit seiner täglichen Radiosendung und der forschen Art in die Herzen der Zuhörer spielte. Sie begegneten einander 1944 bei einem Benefizkonzert für die Opfer des Erdbebens von San Juan, bei dem zahlreiche Menschen ums Leben gekommen waren. »Vielen Dank, dass es Sie gibt, Herr Oberst«, soll sie zu ihm zur Begrüßung gesagt haben. Nach der Veranstaltung küsste sie zum Abschied seine Hand. Kurze Zeit später waren die beiden ein Paar, ein Jahr darauf heirateten sie.

Doch es war nicht nur die Liebe, die das Mädchen aus der Provinz und den General zusammenbrachte. Selbst Freunde Peróns waren von der Zielstrebigkeit der neuen Frau an seiner Seite überrascht. Als der Oberst 1946 die Macht in Argentinien übernahm, wurden Eva Aufgaben im Arbeits- und Sozialministerium übertragen. Schnell gewann sie an Einfluss. Mit großem Enthusiasmus setzte sie sich für die Armen ein, mit Begeisterung kämpfte sie für die Rechte der Arbeiterschaft. Noch größer war ihr Ehrgeiz in Bezug auf die Stärkung der Position der Frau in der argentinischen Gesellschaft. Einer ihrer größten Erfolge war die Einführung des landesweiten Frauenwahlrechts 1947.

Perón, dessen Gerechtigkeitspartei, angelehnt an das faschistische Italien, wo er zwei Jahre als Militärattaché gedient hatte, einen Weg zwischen Kapitalismus und Kommunismus suchte, unterstützte sie bei allen ihren Vorhaben. Und sie war ihrerseits die perfekte Frau für den machtbesessenen Oberst. In einfachen Verhältnissen aufgewachsen, wurde Evita schnell zur Botschafterin der mittellosen Bevölkerung. Zu Tausenden gingen sie für sie auf die Straße, um gegen das Großkapital zu demonstrieren und für die Rechte des kleinen Mannes einzutreten. Auf dem Höhepunkt ihrer Popularität forderten die Massen sogar die Ernennung Evitas zur Vizepräsidentin. Im August 1951, ein Jahr vor ihrem Tod, akzeptierte sie das Geheiß in einer flammenden Rede auf der Avenida 9 de Julio. Wegen des Widerstands großer Teile der Militärregierung musste sie das Amt am Ende aber doch ablehnen.

Evita und die Arbeiterschaft, das ist so etwas wie eine Liebesgeschichte. Jahrelang schmückte ihr Gesicht die ganze Stadt, es zierte Plakatwände und Häuserfronten. Tausende erhielten von Evita Essen, Kleider, ja sogar Möbel. Die Kinder bekamen Schulsachen. Wochenlang tingelte sie über das Land und verschenkte, was der Staatssäckel hergab. Unzählige Mädchen ließen sich in dieser Zeit auf den Namen Eva umtaufen, noch mehr junge Damen trugen wie sie das wasserstoffgebleichte Haar streng nach hinten gekämmt. Doch es war nur ein Teil der Bevölkerung, der sie so wahrnahm, wie sie es sich wünschte. In Wahrheit trieb Evita einen Keil in die argentinische Gesellschaft, der bis heute existiert. Während die Massen sie vergötterten, wurde sie vom Geldadel verachtet. Jahrzehntelang hatte die argentinische Elite, reich geworden durch

Rinderzucht, die Staatsgeschäfte gelenkt. Nun hatte der populistische General Perón mit seiner Militärregierung im Land das Sagen – und seine Frau verteilte die Staatsschätze an die Armen.

Selbst sieben Jahrzehnte nach Evitas Tod ist Buenos Aires noch zweigeteilt. Geteilt in die ewigen Romantiker wie Lorenzo Olarte und die lautstarken Evita-Gegner. Zieht man durch die Cafés von Buenos Aires und spricht mit Evita-Gegnern, dann wird man eine Meinung immer wieder hören: Die schlimmste Eigenschaft der Peronisten sei ihre Verschwendungssucht. Diese ziehe sich durch die argentinische Geschichte der vergangenen siebzig Jahre. Seit Perón lebe Argentinien über seine Verhältnisse, seit damals plünderten Regierungen ohne Rücksicht die Staatskassen, hört man sie in den Bars und an den Theken schimpfen. Umso verwunderlicher ist es, dass das Phänomen Perón derzeit seine gefühlt hundertste Renaissance am Río de la Plata erlebt. Seit Dezember 2019 regieren in Argentiniens *capital federal* mal wieder die Peronisten. Am 10. Dezember 2019 übernahm der neue Staatschef Alberto Fernández sein Amt, in seinem Gefolge Vizepräsidentin Cristina Fernández de Kirchner. Fernández de Kirchner, Frau des verstorbenen Ex-Präsidenten Néstor Kirchner, gelangte 2007 an die Macht. Im Herbst 2007 übernahm die postmoderne Evita das Präsidentenamt von ihrem Mann, den sie wegen seiner Herkunft aus der Provinz Santa Cruz in Patagonien auch den »Pinguin« nannten – ein aberwitziges Schauspiel, das viele an die filmreifen Präsidentenwahlen in den USA erinnerte. Manch einer glaubte in der Wahl Fernández de Kirchners sogar die Fortschreibung der Geschichte von einst zu erkennen.

Während ihrer Amtszeit präsentierte sich Fernández de Kirchner stets als eine Art legitime Nachfolgerin von Eva Perón. Sie zitierte die Volksheldin bei ihren Reden, trat vor Evitas Konterfei auf und ließ 2012 ihr Bild auf die damals neuen Hundert-Peso-Scheine drucken. Fernández de Kirchner startete umfassende Sozialprogramme, legte sich mit den Großgrundbesitzern und sogar mit der katholischen Kirche an, und das im Heimatland von Papst Franziskus. Nach zwei Amtszeiten – Kirchner durfte verfassungsgemäß nicht noch einmal kandidieren – wurde 2015 der Wirtschaftsliberale Mauricio Macri, Sohn einer reichen Unternehmerfamilie und damit Teil der alten Eliten, zum Präsidenten gewählt. Doch trotz der Korruptionsermittlungen, die Macri gegen Fernández de Kirchner einleitete, weil sie sich während der Amtszeit ihres inzwischen verstorbenen Ehemanns bei dubiosen Immobiliengeschäften bereichert haben soll, ist die moderne Evita jetzt zurück. Als Vizepräsidentin und starke Frau hinter Alberto Fernández.

Und genau das zeigt das Problem Argentiniens: Seit Jahrzehnten wechseln sich in Buenos Aires zwei radikale Wirtschaftsmodelle ab, je nachdem, welche Seite gerade das Zepter schwingt. Wird ein Staatschef gewählt, macht er alles rückgängig, was sein Vorgänger veranlasst hat. Auf der einen Seite steht die protektionistische Handelspolitik des ehemaligen Oberst Juan Domingo Perón, der nach den Wirren der Weltwirtschaftskrise von 1929 und ihren Folgen den Freihandel ab Mitte der vierziger Jahre einschränkte und hohe Schutzzölle verhängte. Diese sollten Argentinien helfen, eine eigene Industrie aufzubauen. Das Land sollte nicht mehr von Importen abhängig sein. Zudem ließ er Betriebe wie die Bahngesellschaft verstaatlichen und legte umfassende Sozialprogramme auf, für die ein Teil der Argentinier Perón und seine zweite Frau Evita bis heute verehren.

Das Duo Fernández/Fernández de Kirchner führt diese Politik fort. Das Land soll unabhängiger von Rohstoffexporten und industriellen Importen sein, so das Credo der Peronisten, und lieber selbst wichtige Güter herstellen, als sie zu importieren. Mit Preiskontrollen und Quotenregelungen für Exporte verschreckte Fernández de Kirchner bereits in ihren ersten beiden Amtszeiten zwischen 2007 und 2015 ausländische Investoren. Doch die einheimische Industrie profitierte. Eine Zeit lang zumindest. Die erhobenen Zölle und Steuern flossen in Sozialprogramme. Fernández de Kirchner subventionierte Wasser, Strom und Gas und die heimische Industrie. 2012 ließ sie den Öl- und Gaskonzern YPF verstaatlichen und verdonnerte ausländische Unternehmen, die ihre Produkte an den Río de la Plata brachten, argentinische Güter in ihre Länder zu importieren – bis die Rohstoffpreise für Weizen, Soja und Metalle sanken. Dann brach alles zusammen.

Das andere Modell ist das weniger protektionistische, wirtschaftsliberale, das ab 1989 Carlos Menem für einige Jahre Erfolg bescherte. Es setzt genau auf das Gegenteil von dem, was die Peronisten wollen: Menem gab die Wirtschaft frei, koppelte den Peso an den US-Dollar, privatisierte unter anderem die Bahngesellschaft und kürzte die Sozialausgaben. Doch alles endete nach einigen Jahren des Booms im Staatsbankrott von 2001, weil die argentinischen Produkte sich auf dem Weltmarkt als nicht konkurrenzfähig erwiesen, der argentinische Peso als hoffnungslos überbewertet galt. Der abgewählte Konservative Mauricio Macri verfolgte ein ähnliches Modell. Ab 2015 hatte er den Argentiniern versprochen, die Inflation zu stoppen und die Armut zu reduzieren. Im Jahr seiner Abwahl, also 2019, war die Inflation jedoch die zweithöchste weltweit, ein Drittel der Argentinier lebte unterhalb der Armutsgrenze. Für einen US-Dollar zahlte man vor der Wirtschaftskrise von 2001 noch einen argentinischen Peso, 2019 waren es sechsundsechzig.

Buenos Aires heute, das ist eine Stadt voller mächtiger Hochhaustürme, verspiegelter Glasfronten und klimatisierter Büros. Kurzum: eine moderne Stadt. Aber auch siebzig Jahre nach ihrem Tod kommt man nicht so einfach an Evita vorbei. Fast jede Ecke erzählt eine Geschichte der Volkstribunin. Im Hafenviertel La Boca steht sie als Plastikfigur winkend neben Fußballstar Diego Maradona und *Tango*-Ikone Carlos Gardel auf einem Balkon. Die Buchläden in der Avenida Corrientes sind vollgestopft mit Titeln über den Peronismus, an vielen Postkartenständen und Kiosken prangt Evitas Konterfei: als Anstecker, als Aufnäher oder als Magnet für den Kühlschrank. Mittlerweile haben auch die Touristiker erkannt, dass sich mit dem großen Namen vortrefflich Geld verdienen lässt. Organisierte Touren führen auf den Spuren von Evita durch die

Stadt, vorbei an der Casa Rosada, dem Regierungsgebäude, von dessen Balkon sie einst ihre großen Reden schwang, über die Avenida 9 de Julio, auf der mehrere Millionen Menschen an jenem denkwürdigen Augusttag des Jahres 1951 der Bekanntgabe der Kandidatur Evas als Vizepräsidentin beiwohnten, und zu dem kleinen Park an der Avenida del Libertador. Stolz thront Evita dort, den Blick nach vorne gewandt, vor dem Gebäude der Nationalbibliothek. Der argentinische Bildhauer Ricardo Gianeti entwarf die bronzene Statue 1999.

Eine der kuriosesten Geschichten von Evita ist ganz aktuell. Dabei geht es um die beiden riesigen Wandbilder Evitas an den Flanken des argentinischen Gesundheits- und Sozialministeriums an Buenos Aires' belebter Avenida 9 de Julio. 2011 hatte Cristina Fernández de Kirchner die beiden dreißig Meter hohen, nachts beleuchteten Wandbilder des Künstlers Alejandro Marmo selbst eingeweiht. Nach der Amtsübernahme von Mauricio Macri im Dezember 2015 wurde die Beleuchtung ausgeschaltet. »Um Energie zu sparen«, wie es offiziell hieß. Seltsam nur, dass der Hintergrund, der mit den Farben der argentinischen Flagge beleuchtet war, nachts eingeschaltet blieb. Das Wandbild an der Nordseite des Gebäudes wurde während Macris Amtszeit nur dreimal illuminiert: Im September 2016 war es Evita-Anhängern gelungen, einen Projektor in einem nahe gelegenen Gebäude zu installieren, um das Konterfei Evitas von außen anzustrahlen. Im Mai 2019 starteten sie die Projektoren ein weiteres Mal, um das Wandbild zum Gedenken an den hundertsten Geburtstag Evitas zu beleuchten. Ein drittes Mal gelang es ihnen am 27. Oktober 2019 – dem Tag der Präsidentschaftswahlen und des Sieges des peronistischen Kandidaten Alberto Fernández über Mauricio Macri. Seit dem Amtsantritt des Duos Fernández / Fernández de Kirchner im Dezember 2019 leuchten die Kunstwerke wieder jede Nacht.

Und auch das gibt es in Buenos Aires: 2002 hat eine private Stiftung ein eigenes Evita-Museum aus dem Boden gestampft. Am 26. Juli 2002, Evitas fünfzigstem Todestag, eröffnete das Museo Evita seine Pforten. Bereits seit 1948 gehört das Haus in der Calle Lafinur im Stadtteil Palermo der Stiftung von Eva Perón. Lange Jahre diente es als Heimat für mittellose Frauen und Waisenkinder. Heute wird in den Räumen ein wenig unbeholfen versucht, anhand alter Exponate und verschiedener Videoprojektionen der Toten Leben einzuhauchen. In Endlosschleife flimmert die gewaltige Trauerfeier über die Bildschirme, zu der 1952 Hunderttausende aus ganz Argentinien nach Buenos Aires strömten. Rund eine halbe Million Menschen küsste damals Evitas Sarg. In den Vitrinen sind Fotos, Kleider und andere Utensilien aus dem Leben der Eva Perón ausgestellt. Auch unangenehme Details werden dabei nicht ausgespart: So zeigt das Museum ein Video von Verwandten, die 1974, entsetzt vom Anblick des geschändeten Leichnams, die Rückkehr der Toten aus Europa beschrieben. Einige Finger sollen dabei gefehlt haben, die Füße mit einer Teerschicht überzogen gewesen sein.

Und in der Tat: Das eigentliche Drama um Evita begann nicht mit ihrem Tod, sondern erst drei Jahre danach. Was die siegreichen Militärs nach dem Putsch von 1955 beschäftigte, war nicht etwa der verwirrte Oberst Perón, der sich quasi über Nacht nach Paraguay abgesetzt hatte, sondern der Leichnam Evitas. Aus Angst, ihr Grab könnte zum Pilgerziel für Millionen werden, sie selbst zur Märtyrerin, verschleppten sie die Leiche auf einer mehrere Wochen dauernden Odyssee nach Italien und verscharrten sie schließlich unter falschem Namen auf dem Mailänder Cimitero Monumentale. Erst 1974 wurde sie dem greisen Perón, inzwischen zum zweiten Mal Präsident Argentiniens, zurückgegeben. Die Rückkehr Evitas nach Argentinien erlebte Perón jedoch nicht mehr: Er starb am 1. Juli 1974. Der Leichnam wurde erst im November 1974 nach Argentinien überführt.

Bis heute wimmelt es in Buenos Aires von Plätzen, die an Evita erinnern. Aber nirgendwo fängt man die morbide Aura, die große Faszination, die das Provinzmädchen, das zur Präsidentengattin aufgestiegen war, umgab, besser ein als auf dem Friedhof von Recoleta. Zwischen mächtigen Grabtürmen, geschmückt mit gigantischen Engeln, verbirgt sich das Familiengrab der Duartes. Zwar weist kein Schild, kein Wegweiser auf den Ort hin, trotzdem ist er im Gräbergewirr unschwer zu finden: Um den Bau aus schwarzem Marmor scharen sich jeden Tag Hunderte von Menschen, Dutzende Blumenkränze und Spruchbänder schmücken den Eingang. Protzig ist das Grab, so wie viele in Recoleta. Doch für die gehobenere Gesellschaft von Buenos Aires ist gerade das ein Widerspruch in sich. Dass ein Landmädchen wie Evita, von ihren Gegnern abfällig *yegua*, Stute, genannt, auf dem

Oligarchen-Friedhof von Recoleta begraben liegt, ist für sie bis heute ein Affront.

Man erzählt sich in Buenos Aires viele Geschichten über Evita. Gute und schlechte, schöne und schaurige. Und kuriose. Eine davon ist, dass Dr. Pedro Ara, der Einbalsamierer, mehrere Kopien ihrer Leiche aus Wachs angefertigt haben soll, um die Militärs nach dem schon lange erwarteten Putsch gegen Juan Domingo Perón zu verwirren. Absichtlich habe man diese in verschiedene Himmelsrichtungen verteilt, um die Spur der echten Evita zu verwischen. Man munkelt außerdem, dass es der amerikanischen Sängerin und Schauspielerin Madonna bei den Drehaufnahmen für Alan Parkers Kinofilm »Evita« 1996 vom argentinischen Präsidenten persönlich verboten worden sei, auf dem Balkon der Casa Rosada zu stehen, um die Gefühle der Argentinier nicht zu verletzen.

Ganz egal, was an den unzähligen Anekdoten um Evita und ihr Leben, das Davor und das Danach, dran ist, fest steht: Von ihren Fürsprechern wird sie bis heute aufs Höchste verehrt. Lorenzo Olarte strahlt, als wir das Gebäude der Arbeitergewerkschaft verlassen: »Ich habe sie persönlich gekannt, ihren Reden zugehört, ich saß oft in der ersten Reihe, wenn Perón und Evita auftraten. Das sind bis heute unvergessene Momente.« Mit seiner Begeisterung ist Olarte offenbar nicht allein. Als wir aus dem Gebäude der Arbeitergewerkschaft in die kühle Winterluft auf die Calle Azopardo hinaustreten, hat direkt gegenüber jemand vier Worte an eine Hauswand geschrieben: »*Santa Evita, Evita eterna.*« Heilige Evita, ewige Evita, steht dort. Die

Farbe ist noch frisch, das Graffito gerade erst dort angebracht worden. Für einen Moment sieht es so aus, als sei die Zeit stehen geblieben, für einen kurzen Augenblick scheint es, als wäre 1950 erst gestern gewesen.

Mit Schirm, Charme und Mate-Tee

Wenn der Asphalt in Buenos Aires im Sommer vor lauter Hitze Blasen wirft, dann flüchten sich die »porteños« in Scharen nach Mar del Plata

Die kleine Prinzessin kneift die Zehen zusammen. Sie rümpft die Nase, wie es nur Zweijährige tun können. »*¡Ay, que frío!*«, oh, wie kalt, faucht sie die Mutter an. Entrüstet zieht sie die Schultern in die Höhe, sodass sich der hellblaue Badeanzug fest über ihren Körper spannt. Die goldbraunen Locken kräuseln sich im Wind, über die Füße schwappen die kühlen Wellen des Atlantiks. Doch die Mutter kennt da gar nichts. »*Dale, dale*«, auf geht's, grunzt sie ein ums andere Mal, und dippt die Kleine immer wieder ins Wasser, bis sie sich an die eisigen achtzehn Grad gewöhnt hat. Weit draußen über dem Atlantik hängen ein paar Schönwetterwolken, ein leichter Wind hat sich vom Meer in Richtung Festland aufgemacht, aber am Strand ist die Hitze des Sommers bereits zu spüren. Nur das Wasser ist noch kalt. Eiskalt. Seit drei Generationen besucht die Familie denselben Strand, jetzt soll die kleine Agustina diesen gleich mal kennenlernen. Da gibt es kein Entkommen.

Der längste Strand Argentiniens heißt ganz einfach Costa Atlántida: Atlantikküste. Er liegt zwischen San Clemente del Tuyú im Norden und dem Küstenort Necochea im Süden und misst fast vierhundert Kilometer. Knallblauer Himmel wie auf dem neuesten Windows-Bildschirmschoner, samtweicher Sand, ansonsten nichts als Wasser, Wind und Wellen. Es ist Anfang Dezember und schon jetzt ist die Playa de Pinamar gut gefüllt. Die Arbeiter hämmern noch eilig ein paar Sonnenschirme in den Sand, die ersten Surfer tanzen auf den Wellen, Kinder toben in der Brandung. Doch das eigentliche Ritual beginnt erst in wenigen Wochen: An Weihnachten packt jeder Argentinier, der es sich trotz der Wirtschaftskrise irgendwie leisten kann, seinen gesamten Hausstand ins Auto und fährt für vier, fünf oder gar sechs Wochen an die Küste, um der großen Hitze des Sommers zu entkommen. Bis auf die Besenkammern sind die Hotels dann ausgebucht, bis zum Bersten gefüllt die Strände. Welle um Welle spülen die nahenden Sommerferien Autolawinen in Richtung Süden. Von der Hauptstadt Buenos Aires scheinen sie nur einen Weg zu kennen: den an die Küste.

Silvia, die Mutter, María Teresa, die Großmutter, und Tita, die mittlerweile verstorbene Urgroßmutter: Dutzende Male waren sie in Pinamar, um hier den Sommer zu verbringen. 1976 kaufte die Urgroßmutter gemeinsam mit ihrem Mann das kleine Dreizimmer-Apartment direkt am Meer. Damals war hier noch nichts. Heute reicht der Flickenteppich aus Grundstücken bis weit ins Landesinnere. Die meisten Häuser in Pinamar sind Ende der achtziger Jahre entstanden, zu Zeiten von Präsident Carlos Menem, als es mit der argentinischen Wirtschaft nach mehr als drei Jahrzehnten der Stagnation, in denen sich brutale Militärdiktaturen und führungsschwache, demokratisch gewählte Regierungen in Buenos Aires die Klinke in die Hand gaben, für einen kurzen Moment bergauf ging: Marmorsäulen, üppige Gärten und kurz geschorener englischer Rasen waren die Insignien des neuen Wohlstands. Bereits wenige Jahre nach ihrem Bau standen viele der prächtigen Anwesen aber wieder leer, weil die Schönen und Reichen ins noch schickere Punta del Este im benachbarten Uruguay abgewandert waren. Seit dem Kurseinbruch des Peso im Jahr 2001 kehren viele Leute zurück. Derzeit erleben die Orte an der argentinischen Atlantikküste einen Boom wie Jahrzehnte nicht.

Der weitaus größte Teil der Urlauberkarawane bleibt jedoch nicht in Pinamar, sondern schaukelt entlang weit geschwungener Sandbuchten und ausgedehnter Viehweiden weiter nach Mar del Plata. Die Sechshunderttausend-Einwohner-Stadt im Südosten der Provinz Buenos Aires ist bis heute der unumstrittene Hauptort an der argentinischen Atlantikküste. Die meiste Zeit des Jahres ist Mar del Plata eine beschauliche Stadt. Im Dezember und Januar aber erwacht sie aus ihrem Dornröschenschlaf und schwillt auf ein Vielfaches an: Mehr als vier Millionen Gäste sollen den Badeort jedes Jahr besuchen. Seite an Seite liegen ihre Körper dann an der Playa Bristol und an der Playa Varese, Handtuch an Handtuch drängt sich an der Playa Grande. Und kaum an einem anderen Ort Südamerikas ist das demonstrative Zurschaustellen des eigenen Körpers so ausgeprägt wie hier. Sieh mich an, wie schön ich bin, lautet das unausgesprochene Motto der Akteure in diesem Schauspiel. Auch in der

Stadt will jeder eine gute Figur machen. Die Boulevards von Mar del Plata erinnern im Sommer an Laufstege, die Straßencafés an Schönheitssalons. Das Make-up sind die Menschen darin. Für ihr Aussehen und einen makellosen Körper tun die Argentinier beinahe alles, manchmal auch ein wenig zu viel: Überall wimmelt es von Fitnessstudios, kalorienarme Gerichte haben in den Restaurants Hochkonjunktur, und die Schönheitschirurgen in Buenos Aires und Mar del Plata verzeichnen lange Wartezeiten.

Der Schlankheitswahn vor allem der argentinischen Frauen geht so weit, dass die Regierung der Provinz Buenos Aires 2001 vierzehn *Leyes de Talles* erlassen hat, Gesetze, die Kleidungsgeschäfte dazu verpflichten, auch große Größen zu führen. Als letzte Provinz Argentiniens zog im Jahr 2015 Córdoba nach. Essstörungen seien zu einem großen Teil auch darauf zurückzuführen, dass viele junge Damen keine geeignete Kleidung fänden, so eine wissenschaftliche Studie, auf die sich die Behörden berufen. Die Frustration der Argentinierinnen bei der Kleidersuche sei so groß, dass viele an Magersucht, Bulimie oder anderen psychisch bedingten Essstörungen erkrankten. Per Gesetz sind ungefähre Größenbezeichnungen wie S, M, L und XL heute untersagt. Stattdessen werden Mindestgrößen vorgeschrieben. Hosen, Hemden, T-Shirts und Röcke müssen mit Etiketten versehen werden, die Kleidungsstücke nach ihrer exakten Größe bemessen. Ein Rock der Größe achtunddreißig zum Beispiel muss mindestens neunundfünfzig Zentimeter in der Taille messen. Zwar haben mittlerweile alle argentinischen Provinzen nachgezogen und ähnliche Gesetze erlassen wie Buenos Aires, bei Weitem nicht alle Geschäfte halten sich aber an die Regelung. Der Kampf gegen den Körperkult hat gerade erst begonnen.

Doch Mar del Plata ist keineswegs nur eine Stadt des plumpen Exhibitionismus. Im Gegenteil: Im Hochsommer, wenn die Lufttemperatur auf mehr als dreißig Grad, die des Atlantiks auf mehr als zwanzig Grad steigt, entfaltet sich neben dem aufreizenden Schauspiel am Strand auch ein blühendes Kulturleben. Zwischen Dezember und März wird das komplette kulturelle Angebot der vierhundert Kilometer entfernten Hauptstadt kurzerhand an die Küste verlegt. Die Veranstaltungskalender quellen in dieser Zeit über vor Shows, Konzerten, Theatervorführungen und Ausstellungen. Allein mehr als zweihundert *recitales*, Konzerte, sollen es in der Hochsaison jeden Abend sein. Das Internationale Filmfestival von Mar del Plata Anfang März zählt zu den bedeutendsten Lateinamerikas. Auch das Casino Central, nach wie vor eines der größten der Welt, macht im Sommer Rekordumsätze. Bis zu zwölftausend Gäste zählt es am Tag. Dazu kommen Dutzende Sportveranstaltungen wie Poloturniere, Marathons, Schwimmwettbewerbe und Fußballspiele. In den Diskotheken der Avenidas Constitución und Alem wird die Nacht zum Tag gemacht. Fernsehsender berichten in Sondersendungen von den überfüllten Stränden, die Boulevardpresse, allen voran die Klatschblättchen *Gente* und *Caras*, lässt keine der schicken Partys aus. Auf Schritt und Tritt folgen die Reporter der Prominenz, berichten von den Tête-à-Têtes der Hautevolee, und erzählen, wer sich wann und wo mit wem getroffen hat. *Gente festejó la superfiesta de Mardel y no faltó nadie,* hieß es einmal über die alljährlich vom Stars-und-Sternchen-Magazin veranstaltete Sommerabschlussparty. Zu Deutsch: *Gente* hat die Superparty von Mar del Plata gefeiert, und niemand hat gefehlt.

Doch nicht immer war Mar del Plata so beliebt. Noch Mitte des 19. Jahrhunderts war die argentinische Atlantikküste ein vergessener Fleck. Bis an das Meer reichten die riesigen *estancias,* die Rinderfarmen, aus denen Argentinien einst seinen Reichtum schöpfte. Kaum ein Mensch interessierte sich für die endlosen Sandstrände, die *pampa* und Atlantik trennten. Erst in den neunziger Jahren des 19. Jahrhunderts begannen reiche *porteños,* wie die Einwohner von Buenos Aires genannt werden, die ersten Häuser zu bauen – meist großzügige Chalets nach europäischem Vorbild. Als erstes Hotel wurde 1888 das Hotel Bristol im Herzen Mar del Platas eröffnet. Aus dieser Zeit stammt auch der Begriff des *Pintoresquismo,* die Bezeichnung für jenen eklektischen Baustil, der englische Elemente mit französischen und baskischen verbindet, und der Mar del Plata seinerzeit den Beinamen »argentinisches Biarritz« einbrachte. Noch heute stehen einige der alten Gebäude.

In den zwanziger und dreißiger Jahren des vergangenen Jahrhunderts erlebte Mar del Plata dann seinen ersten großen Boom: Mithilfe der wohlhabenden Bevölkerung aus Buenos Aires entwickelte sich Mardel, wie die Stadt auch genannt wird, zu einer der schicksten Sommerfrischen Südamerikas. Die betuchte Elite flanierte elegant die Strandpromenade entlang, logierte in feudalen Villen, spielte Golf oder verprasste einen Teil ihres Vermögens im gerade eröffneten Casino. Doch die Wohlhabenden waren nicht lange allein. Es dauerte nur wenige Jahre, bis sich auch die wachsende Mittelklasse angezogen fühlte von der frischen Luft der Küstenstadt. Durch die Sozialpolitik des Präsidenten Juan Domingo Perón zu Beginn der fünfziger Jahre entwickelte sich Mar del Plata zum Ziel der Massen: Geregelte Einkommen und feste Urlaubszeiten machten es fortan auch der wachsenden Arbeiterschaft möglich, sich eine Reise dorthin zu leisten. Viele der Argentinier, die es im Zuge des Aufschwungs zu ein paar Peso gebracht hatten, legten diese in eine Zweitwohnung an. Eine große Zahl glamouröser Villen wurde in dieser Zeit abgerissen. An ihre Stelle rückten weniger ansehnliche Neubauten, einige bis zu dreißig Stockwerke hoch.

Wer heute nach Mar del Plata kommt, der sollte nicht zu viel erwarten, denn schnell weicht die romantische Vorstellung von alten Kolonialbauten, idyllischen Palmenstränden und schnuckeligen Strandcafés der Realität. Das Spalier schmuckloser Hochhäuser reicht bis ans Wasser und erinnert mehr an das spanische Benidorm als an die dezente Küstenarchitektur anderer europäischer Seebäder. Viele Argentinier haben gerade deshalb in den vergangenen Jahren nach Alternativen gesucht – und sie gefunden. Die besser situierte Jugend trifft sich heute gerne im angesagten Villa Gesell, gegründet 1931 von Carlos Gesell, einem Argentinier deutscher Abstammung. Die alteingesessene Oberschicht fährt nach wie vor nach Pinamar. Die wirkliche Elite aber ist längst abgewandert in noch exzentrischere Wohngegenden, zum Beispiel in das nur wenige Kilometer entfernte Küstenstädtchen Cariló, dessen feine Schmuckläden, Eisdielen und Restaurants mitten in einen dichten Pinienwald gebaut wurden. Fast ebenso exklusiv, aber weniger umtriebig ist das ruhige Mar de las Pampas. Einige der eleganten Chalets kosten bis zu dreihundertsechzigtausend Peso Miete im Monat, umgerechnet etwa fünftausendfünfhundert Euro. Kein Pappenstiel angesichts Argentiniens quasi ewig währender Wirtschaftskrise.

Die meisten Häuser und Ferienwohnungen an der Atlantikküste gelangen aber gar nicht über Agenturen an ihre Kunden. Zu Zeiten der Militärdiktatur zwischen 1976 und 1983, als das Geld knapp war und die Angst vor der Willkür der Militärs groß, haben viele argentinische Familien gelernt, sich selbst zu helfen. Familie und Freunde sind seitdem eine noch eingeschworenere Gemeinschaft, als sie es ohnehin schon waren. Der Zusammenhalt übertrifft selbst den in südeuropäischen Ländern. Hat man Besitz, so teilt man ihn gerne. Viele vermieten ihre Wohnungen und Häuser in der Hochsaison über Mund-zu-Mund-Propaganda für wenig Geld an Freunde und Bekannte. Das bringt ein paar Peso und hilft, die laufenden Kosten zu decken. Am liebsten ist es vielen *porteños* aber, ihre Familie in den eigenen vier Wänden zu Gast zu haben. Denn nur im Kreise ihrer Angehörigen fühlen sich Argentinier richtig wohl.

Egal ob Jung oder Alt: Ab zwei Uhr nachmittags tut beinahe jeder Strandgast in Mar del Plata dasselbe. Dann nämlich ist es Zeit für einen Mate-Tee. Von den Ureinwohnern ihres Landes kopiert, ist das traditionelle Aufgussgetränk aus den festen Blättern des Mate-Strauchs heute nicht nur bei den älteren Argentiniern sehr beliebt, sondern wird immer häufiger auch von Jugendlichen getrunken. Der etwas bitter schmeckende Tee, dessen Blätter in den Supermärkten schlicht als *yerba* verkauft werden, enthält nicht nur Koffein, sondern ist auch als Schlankmacher bekannt. Ist die Zeit für einen Mate-Tee gekommen, klappt der Feriengast gemächlich seinen Sonnenschirm zusammen, klemmt die Stühle unter den Arm und stellt die komplette Ausrüstung ins Wasser, um in der sanften Brandung die Füße baumeln zu lassen. In großen Gruppen sitzen manchmal ganze Familien am Strand und lassen die Mate-Kalabasse kreisen. Kommt man in einer solchen Situation als Tourist aus Mitteleuropa des Weges, kann es passieren, dass man sich unversehens im Kreise einer argentinischen Großfamilie wiederfindet. Entweder man schwätzt und plaudert dann ein wenig, während die Wellen sanft die Füße umschmeicheln. Oder man macht das, was beinahe jeder hier zu dieser heißen Tageszeit zu tun pflegt: Tee trinken und zusehen, wie die Zeit verrinnt.

Höhenrausch im Wolkenzug

Mit dem Güterzug vom nordargentinischen Salta über viertausendfünfhundert Meter hohe Andenpässe an die Grenze zu Chile

Durch die breiten Schwingtüren der Bahnhofshalle von Salta blinzeln die Strahlen der aufgehenden Sonne. Das Türkreuz wirft lange Schatten. Jedes Mal, wenn sich eines der mächtigen Portale öffnet, pfeift ein eisiger Zug Höhenluft durch die Halle und ein paar welke Blätter huschen über den ausgetretenen Marmorfußboden in das Gebäude. Es ist erst sieben Uhr morgens, doch auf dem Bahnsteig herrscht bereits Hochbetrieb. Mit kräftigen Schwüngen wuchten staubige Gestalten Kohlesäcke in die wartenden Güterwaggons. Dazwischen rutschen Dutzende zerschlissene Kartons in den Wagen. Immer mehr Kisten stapeln die Bahnarbeiter übereinander. So lange, bis kein Blatt Papier mehr unter das rußige Dach des Laderaums passt.

Auf dem Bahnsteig steht Ignacio Dionisio Copa. Mit wachsamen Blicken beobachtet er das Geschehen. Er trägt eine braune Windjacke, verwaschene Jeans und ein paar ausgetretene, aber frisch geputzte Lederschuhe. Über das dunkle Haar hat er eine Wollmütze gestülpt – gegen den eisigen Puna-Wind hilft Alpakawolle besser als Polyester. Nachdem auch der letzte Kohlesack, der letzte Karton im Zug verstaut ist, gibt der Zugführer das Zeichen zum

Aufbruch. Einen Moment noch hält der Zug inne, dann ertönt das Signal, und mit einem Ruck setzt sich die Lok in Bewegung. Träge schleppt sie die schwer beladenen Waggons über karge Felder. Immer kleiner werden die weißen Häuser der Provinzhauptstadt Salta, immer winziger die Türme der Kolonialkirchen, bis nur noch ein paar weiße Punkte am Horizont zu sehen sind. Der Zug holpert vorbei an verlassenen Bahnstationen, hält hier und da an, um ein paar Passagiere aufzunehmen. Bis auch die letzten Pappelhaine einer trockenen Steppenlandschaft weichen. Dann wird es einsam. Sehr einsam.

Einmal in der Woche verkehrt die Andenbahn zwischen dem Bahnhof General Belgrano der nordargentinischen Provinzhauptstadt Salta und Socompa, einer winzigen Ansiedlung hoch oben in den Bergen an der chilenischen Grenze. Mehl, Salz, Getreide und Kohle schleppt der Zug in Hunderten steiler Haarnadelkurven über mehrere Dutzend Brücken die einspurige Trasse hinauf. Die Gleise schrauben sich bis auf viertausendvierhundertfünfundsiebzig Meter und überwinden dabei einen Höhenunterschied von mehr als dreitausenddreihundert Metern. Von Socompa wird die Ware weiter ins chilenische Antofagasta befördert, wo sie auf Frachtern nach Peru, Bolivien, Ecuador oder in die weite Welt geschifft wird. Ganz am Ende des Trosses hängen meist auch zwei Passagierwaggons, in denen sich Einheimische auf das Dach der Anden chauffieren lassen.

Der Puna-Zug ist ein technisches Meisterwerk, konstruiert vom amerikanischen Ingenieur Richard Fontaine Maury. Bis heute gilt die Strecke als eines der kühnsten Bauprojekte der Welt, oft sogar verglichen mit großen Ingenieurleistungen wie der Errichtung des Eiffelturms in Paris und der Konstruktion des Panamakanals. Als die Bauarbeiten 1921 begannen, hatte die argentinische Regierung vor allem ein Ansinnen: Sie wollte der reichen Metallvorkommen, die unter dem Wüstensand lagerten, habhaft werden: Kupfer, Erz, Mangan, Blei, Gold und Silber. Siebenundzwanzig Jahre dauerte es, bis die einspurige Trasse durch Berge und Felsen gesprengt war. 1948 wurde die fünfhunderteinundsiebzig Kilometer lange Strecke mit einundzwanzig Tunnels und fast sechzig Brücken eingeweiht. Noch heute zeugen Dutzende stählerne Kreuze am Rand der Gleise von den zahlreichen Menschenleben, die beim Bau der Bahn gelassen wurden. Die Zugstrecke über die Anden, offiziell Ramal C-14 genannt, galt einst als eine der gefährlichsten des Kontinents. Bis heute ist sie die einzige, die die Anden in voller Breite überquert.

Copa lehnt an der offenen Zugtür und lässt sich den Fahrtwind ins Gesicht blasen. Dabei zieht er gelassen an einem selbst gedrehten Glimmstängel. Trotz der Höhenkrankheit, die so manchen hier ereilt. Gegen die hat die Zuggesellschaft vorgesorgt. Auf dem Tresen des Speisewagens stehen zwei Sauerstoffflaschen. »Für Notfälle«, sagt Copa. Allerdings passiere selten etwas. Die meisten Passagiere behelfen sich ohnehin auf andere Weise: Sie kauen Kokablätter, ein Mittel, das auch die Einheimischen gegen *soroche* oder *apunamiento*, die Höhenkrankheit, verwenden. Wen die Krankheit erfasst, bei dem legt sie sich schwer wie Blei auf die Glieder, dem raubt sie den Appetit und lähmt den Verstand. Copa hat noch nie den Verstand verloren in den Bergen, denn er ist die Höhe gewöhnt. Doch er weiß, wie es aussieht, wenn die Höhenkrankheit einen anderen befällt, wenn sie einem die Kraft wie eine Spritze aus den Gliedern saugt. »Zuerst ist es nur ein leichter Anflug von Kopfweh, von Müdigkeit«, sagt er. Dann, ab dreitausend, vielleicht dreitausendfünfhundert Metern werde es immer schlimmer. Die Patienten verlören den Appetit, würden blass und litten unter starker Atemnot, ja sogar unter Halluzinationen. »Die dünne Luft zehrt sie aus«, sagt Copa, »und gefährlich ist sie obendrein.«

Als die Sonne am späten Nachmittag ihre Strahlen auf die umliegenden Sechstausender wirft, rollt der Zug in San Antonio de los Cobres ein, einem verschlafenen Minenstädtchen auf dreitausendsiebenhundertvierundsiebzig Metern Höhe. Hier verlassen die meisten Fahrgäste den Zug. Einer der beiden Passagierwaggons muss nun einem Güterwaggon Platz machen. Einen leeren Wagen auf das Dach der Anden zu befördern, kann sich die Bahngesellschaft nicht leisten, denn Diesel ist auch in Argentinien teuer. Auf viertausend Metern benötigt die Lok bis zum Dreifachen der normalen Menge. Rentabel ist die Bahn ohnehin nicht mehr, denn der Boom des Bergbaus ist längst vorbei. Rasende Inflation und Misswirtschaft machten den Abbau von Metallen und Mineralien in den achtziger Jahren des vergangenen Jahrhunderts zu einem unrentablen Geschäft. Viele Bahnstationen entlang der Strecke wurden geschlossen. Alles, was heute von den einst florierenden Dörfern übrig geblieben ist, sind ein paar verfallene Häuser mit rostigen Wellblechdächern.

Nach einer langen finanziellen Durststrecke

wurde die Andenbahn 1992 privatisiert. Die Investoren setzen seitdem verstärkt auf den Tourismus. Bereits seit 1972 verkehrt zusätzlich zum Güterzug ein Touristenzug auf der Strecke, viele Jahre ab Salta, seit einigen Jahren wegen des kostspieligen Erhalts der Gleise nur noch zwischen San Antonio de los Cobres und dem Viadukt La Polvorilla auf viertausendzweihundert Metern Höhe. Mit der Wiederverstaatlichung im Jahr 2014 wurde der Service des Touristenzugs stark verbessert, die Waggons wurden zu einem voll klimatisierten Luxuszug ausgebaut. 2018 beförderte die Bahngesellschaft SFTSE vierunddreißigtausend Passagiere auf das Dach der Anden – ein erkleckliches Geschäft, das ihr Überleben durch bis zu zwanzig monatliche Fahrten sichert. Allerdings verkehrt der Touristenzug nur im Südwinter zwischen Februar und September. Den Rest des Jahres steht er aufgrund der oftmals harschen Wetterbedingungen still.

Von einem Luxus wie an Bord des Touristenzuges kann man im Güterzug nur träumen. Es wird Abend. Im Personenabteil riecht es nach Bauernhof. Ein Mann hat ein Schwein mit an Bord gebracht, unsere Sitznachbarin zwei lebende Hühner. Zwischen den Sitzen stapeln sich Dutzende Lebensmittelkartons. In der Küche serviert Luci Pidal, die Küchenchefin, auf Plastiktellern das Essen an Bord: *pollo con arroz*, Hühnchen mit Reis, *milanesas*, Schnitzel, und *empanadas de carne y papas*, gefüllte Teigtaschen. Dazu Wasser, Cola und Bier. Seit vierzehn Jahren mache sie das, erzählt Luci, es sei ein anstrengender Job, aber sie habe noch keine Minute bereut. »Man kennt hier jeden«, sagt die Neunundvierzigjährige.

Gegen zwei Uhr morgens holpert der Zug über den höchsten Pass der Strecke: Abra Chorrillos auf viertausendvierhundertvierundsiebzig Metern. Schneidendes Kopfweh setzt ein, das Blut pocht in den Schläfen. Ich greife zur Tüte mit den Kokablättern, die Copa mir zu Beginn der Fahrt in die Hand gedrückt hat: Sie ist am Fenster festgefroren. Auch der junge Mann, der mir gegenüber sitzt, zupft regelmäßig an seinem Beutel. Nachdem ich die Tüte vom Eis befreit habe, stecke ich mir einige der Blätter in den Mund. Doch das Kopfweh lässt nicht nach. In weniger als einem Tag von tausendzweihundert Metern auf mehr als viertausendvierhundert Meter zu fahren, das hält auch der stärkste Körper nicht aus. Kaum einer der Passagiere macht in dieser Nacht ein Auge zu. Die Beine sind schwer wie Blei, im Kreuz ist jede der schlecht zusammengenagelten Zugschwellen zu spüren: tak-tak, tak-tak, gdung, gdung. Ich ziehe meinen Block und den Kugelschreiber aus der Tasche, um wenigstens ein paar Notizen zu machen, doch die trockene Höhenluft hat den Stift leer gesaugt wie eine Vakuumpumpe.

Am Morgen rattert der Zug über den Salar de Arizaro. Über den Gipfeln der Anden verdichtet sich das erste Sonnenlicht zu Gold. Die hauchdünne Salzkruste verwandelt die Oberfläche des drittgrößten Salzsees Südamerikas in eine märchenhafte Winterlandschaft. Kein Baum, kein Haus, keine Straße. So weit das Auge reicht nichts als Salz. In der Küche macht sich Copa frisch für den neuen Tag. Er hat die Nacht auf Pappkartons und Rucksäcken verbracht. Aus einer Schublade zerrt er eine kleine Holzbox mit einem Spiegel. Dann beträufelt er sein Haar mit eiskaltem Bergwasser und zieht die feuchten Strähnen mit einem Kamm gerade. Wo er das Wasser herhat, bleibt sein Geheimnis, denn die Vorräte im Wassertank auf dem Dach des Waggons sind über Nacht zu Eis erstarrt. Selbst die Toilette spült nicht mehr, ein beißender Geruch macht sich breit.

In der verwaisten Ansiedlung Caipe hoch über dem Salzsee macht der Zug halt. Ein halbes Dutzend Häuser, ein Korral, ein paar zerfetzte Autoreifen. Das ist alles. Wie Bauklötze schmiegen sich die Lehmhäuser an einen Steinhügel, um nicht vom Andenwind weggeblasen zu werden. Caipe ist ein Ort aus Staub: Wege aus Staub, Ziegel aus Staub, Wände aus gepresstem Staub. Einige Erwachsene, ein paar Kinder und ein halbes Dutzend zerzauste Hunde trotzen in dieser gottverlassenen Gegend der Kälte. »Caipe ist ein einsamer Ort«, sagt auch der alte Mann, der es sich auf der Lamawolldecke im Windschatten vor einem der Häuser gemütlich gemacht hat. Sein Gesicht ist von der Sonne zerfurcht. Wie zerknittertes Zeitungspapier legen sich die Falten über sein Antlitz. »Zweimal in der Woche kommt der Zug vorbei«, sagt er. »Einmal auf der Hinfahrt, einmal auf der Rückfahrt. Das ist unsere einzige Verbindung zur Außenwelt.« Früher sei alles anders gewesen, als der Zug noch Metalle und Mineralien über die Anden transportiert habe. Aber die guten Zeiten seien längst vorbei.

Mit flinken Handgriffen lassen die Bahnarbeiter in Caipe einen riesigen Schlauch in den Wasserwagen gleiten und füllen den Container. Copa stapft mit den Füßen in einem Sandhaufen herum und erzählt, dass die Bahntrasse nach ganz einfachen Kriterien in den Berg geschlagen wurde. »Der Zug fährt überall dort vorbei, wo es Wasser gibt.« Die Ladung von hier sei für Socompa bestimmt, denn dort oben in der luftigen Höhe an der Grenze zu Chile gebe es keinen Brunnen, ja nicht mal einen vernünftigen Tank. Wasser ist in der Andenhochebene Mangelware: In der Puna regnet es so gut wie nie.

Ein paar Kilometer weiter passiert der Zug die Bahnstation Alemán Muerto, toter Deutscher. Sie liegt auf viertausenddreihundertvierunddreißig Metern und ist umgeben von Hunderten Quadratkilometern Puna-Sand. Ein Steinhaufen, ein eisernes Kreuz, sonst nichts. Copa zuckt mit den Augenbrauen und grinst: »Er war ein Landsmann von dir.« Vor fast achtzig Jahren soll der Matrose Karl Wilmer mit dem Zug hier heraufgekommen sein, erzählt er, um weiter nach Chile zu fahren, weil er in Buenos Aires sein Schiff verpasst hatte. Während es das Kap Hoorn umrundete, wollte er auf dem Landweg nach Antofagasta an der Pazifikküste reisen, um dort wieder zuzusteigen. Der Zug endete damals in Caipe, die letzten Kilometer bis zur chilenischen Grenze wollte Wilmer zu Fuß zurücklegen. Doch er schaffte es nur bis hierher. »Die Kälte holte ihn ein«, sagt Copa. Ein vergilbtes Schild erinnert noch heute an das verhängnisvolle Ereignis, das sich hier einst abgespielt hat.

Das gleißende Mittagslicht lässt die Oberfläche der Salzseen in der Puna mittlerweile flimmern. Die am Morgen noch sanft rot leuchtenden Berge haben sich längst in dunkle Steinhaufen verwandelt. Die Schneefelder reflektieren das Sonnenlicht in grellem Weiß. Nach achtundzwanzig Stunden Fahrt schraubt sich der Zug die letzten Meter nach Socompa am Fuß des gleichnamigen Vulkans hinauf. Eine hellblaue Krause aus Eis säumt den Kraterrand. Irgendwo da oben verläuft die Grenze: hier Argentinien, dort Chile. Als der Zug auf der Passhöhe einrollt, faucht ein eisiger Wind. Die Häuser sind verlassen, neben den Schienen liegen verrostete Schrauben und Metallsplitter. Kein Mensch weit und breit. Wie auf dem Vulkan hat die Grenze auch hier unten auf dreitausendachthundertsiebenundsechzig Metern ihren eindeutig uneindeutigen Verlauf. Weniger als hundert Meter voneinander entfernt liegen die Grenzstationen von Argentinien und Chile, getrennt durch nichts als Puna-Sand. »Socompa Argentina«, steht auf dem vergilbten Schild auf der einen Seite, »Socompa Chile« auf der anderen.

Nur zwei Stunden hält der Zug an der Grenze. Dann tritt er den Rückweg nach Salta an. Auf den von Wind und Wetter gezeichneten Gleisen tauschen Bahnarbeiter die vollen Waggons gegen leere aus. Die Grenzformalitäten sind schnell erledigt. Während der Zollbeamte die Frachtpapiere kontrolliert, schlendert Copa den Bahnsteig auf und ab. Gleichzeitig lässt der Wasserwagen mit einem sanften Plätschern die Ladung in einen verrosteten Container fließen. »Trink- und Waschwasser für die Grenzbeamten«, flüstert Copa und schrubbt sich mit ausladenden Handbewegungen unter den Achseln. »Das muss reichen, bis der nächste Zug kommt.« In einer Woche.

Der Glanz der Nacht

Im Januar und Februar verwandelt der Karneval das Provinzstädtchen Gualeguaychú im Nordosten Argentiniens in ein brodelndes Tollhaus

Die Göttin strahlt. Ihre Haare wogen im Wind. Die Perlen auf dem Dekolleté blitzen im Scheinwerferlicht. Mal hier ein Augenzwinkern, mal dort. Mal hier ein Foto, mal da. Forsch jongliert sie ihre Blicke umher, dreht die bernsteinfarbenen Augen im Kreis. Für einen Augenblick bleiben sie an einer Kamera haften, funkeln wie Leuchtraketen, doch schon wendet sie sich wieder ab, um ins nächste Blitzlichtgewitter zu strahlen. Es ist fünf Uhr nachmittags, und die Göttin macht sich fertig für ihren Auftritt. Ein bisschen Show gehört dazu. Noch trägt sie die riesige Federkrone unter dem Arm, die gertenschlanken Beine stehen still. Doch später, wenn der Abend hereinbricht über Gualeguaychú, wenn die Nacht ihre dunklen Fühler über das kleine Städtchen im Niemandsland der argentinischen *pampa* legt, dann wird sie ihren wenig bedeckten Körper im dreihundertfünfundvierzigtausend Watt starken Kunstlicht baden, ihre Hüften im Rhythmus der Musik durch das Corsódromo schwingen, und tanzen, als gäbe es kein Morgen.

Dann werden sie alle tanzen, den ganzen Abend, die ganze Nacht. Dann peitschen die Rhythmen die Tänzerinnen an, dann heizt das Orchester den

Tänzern ein, dann versammeln sich die Flaneure, die vorher noch so zahlreich durch die Straßen geschlendert sind, die sich an den Ständen mit Quilmes- oder Isenbeck-Bier warmgetrunken haben, auf den Rängen, um die Akteure in diesem flammenden Schauspiel mit ihren Anfeuerungsrufen noch heißer zu machen. Wenn am Abend die verwirrende Vielfalt der Kostüme einen Überblick unmöglich macht, die Nacht die Leidenschaft in die Straßen von Gualeguaychú spült, wenn es in der Luft knistert, die Hitze auf der Haut prickelt, dann lodert im Corsódromo, der Karnevalsarena, ein lichtes Feuer. Zu Hunderten, ja zu Tausenden feiern Einheimische wie Besucher dann den Beginn der fünften Jahreszeit: des Karnevals.

Diosa, die Göttin, wie sie sich selbst nennt, ist Tänzerin bei Marí Marí, einer der traditionellen Karnevalsgruppen von Gualeguaychú. Sie ist eines der Aushängeschilder ihres Tanzensembles. Gemeinsam mit mehreren Dutzend Freundinnen und Freunden hegt sie die Hoffnung, den Wettbewerb des besten Karnevalsvereins in diesem Jahr für sich zu entscheiden. Wer die Ausscheidung gewinnt, der ist etwas in der Einhundertzehntausend-Einwohner-Stadt. Der ist ein kleiner Star, ein Sternchen vielleicht, das die Nachbarn gerne grüßen. Erhobenen Hauptes kann er für ein Jahr durch die Gassen spazieren, mal hier Nettigkeiten austauschen, mal da. Er wird vom Bürgermeister geehrt, von den Freunden gegrüßt. Und er ist auch auf jedem Grillfest gerne willkommen, wenn das Fleisch aus der nahen *pampa* gleich tonnenweise angekarrt und auf bettgestellgroßen Grills über der Glut gegart wird. Wenn der Wein in Strömen fließt und der aufregendste Moment des Jahres, der Karneval, noch Dutzende Male herbeizitiert wird. Und alle werden stolz auf ihn sein.

Im Januar und Februar, wenn die Sonne unerbittlich auf das Zweistromland brennt, wie die Argentinier das feuchte Schwemmland zwischen den Flüssen Río Uruguay und Río Paraná nennen, die Nächte heiß und schwül sind, erkennt man Gualeguaychú nicht wieder. Zehn Monate lang hat der Ort nicht viel zu bieten: ein paar Geschäfte, ein Krankenhaus, einige streunende Hunde. Sonst nichts. In der Karnevalszeit aber wird aus dem verschlafenen Nest ein Tollhaus. Der Karneval, selbstbewusst *carnaval del país*, Karneval des Landes, genannt, zieht jedes Wochenende vierzigtausend Besucher und mehr in seinen Bann: Sie kommen aus ganz Argentinien, aus Uruguay, Paraguay, Brasilien und neuerdings sogar aus dem fernen Europa. Ein Hauch von Glamour, der Duft der großen weiten Welt liegt dann für Momente über der argentinischen Provinz.

Doch das war nicht immer so. »Vor ein paar Jahren war hier noch nichts los«, sagt Diosa, kurz bevor das große Spektakel beginnt. »Heute ist unser Karneval im ganzen Land bekannt.« Nichts stimmt nicht ganz, denn bereits Ende des 19. Jahrhunderts gab es in Gualeguaychú Straßenumzüge – hierhergebracht von den Einwanderern aus Europa. In den zwanziger und dreißiger Jahren nahmen die Feierlichkeiten immer größere Ausmaße an. 1959 schließlich wurden die ersten Wagen eingesetzt, damals noch von Studenten gebaut. Der große Durchbruch gelang allerdings erst Ende der siebziger Jahre, als es einem örtlichen Unternehmer mit viel Geld glückte, den Karneval auch außerhalb des Landes bekannt zu machen. Tänzerinnen und Tänzer aus dem benachbarten Brasilien wurden eingeflogen, auch die Gründung der fünf Karnevalsgruppen Papelitos del Oeste, O'Bahia, Marí Marí, Kamarr und Ara Yevi datiert in diese Zeit. Sein heutiges Gesicht hat der Karneval seit 1997: dem Jahr der Eröffnung des neuen Corsódromos, jener fünfhundert Meter langen und zehn Meter breiten Aufmarschallee, die gesäumt ist von Tribünen, eingerahmt von Scheinwerfermasten und flankiert von überdimensionierten Lautsprecherboxen – ganz wie ihr brasilianisches Vorbild in Rio de Janeiro.

Es wird dunkel über Gualeguaychú. Die Ränge des achtunddreißigtausend Menschen fassenden Corsódromos sind bis auf den letzten Platz gefüllt. Alle sind sie da, als um Punkt halb zehn Uhr abends der Startschuss fällt: die Väter mit den kantigen Gesichtern und den sauber polierten Lederstiefeln, die Mamas, gehüllt in feine Abendrobe, und die Kinder – er lässig elegant mit Jeans und Polohemd, sie im kurzen Minirock. Zuerst dröhnen aus den Boxen nur die vollmundigen Ankündigungen des Kommentators, dann setzt sich der Karnevalszug in Bewegung. Als erste Gruppe zieht an diesem Abend Marí Marí ein. Unter dem tosenden Beifall des Publikums geben die Tänzerinnen alles. Die Kapelle spielt die immer gleiche Melodie: »*Soy Marí Marí, soy el carnaval.*« Ich bin Marí Marí, ich bin der Karneval. Dann folgen die anderen Karnevalsvereine. Im Schritttempo ziehen die Tänzerinnen und Tänzer durch das Corsódromo, dazwischen die bunt dekorierten Wagen. Bis zu zehn Meter hoch sind sie und bis zu zwanzig lang.

Doch es sind nicht nur die farbenfrohen Wagen, nicht allein die furiosen Tänzerinnen und Tänzer, die den Karneval von Gualeguaychú ausmachen. Nichts wäre die Veranstaltung ohne die Orchester. Hoch oben auf den Wagen thronend hat jede Karnevalsgruppe ihr eigenes Ensemble und ihre eigenen Lieder, speziell komponiert nur für dieses eine Jahr. Die musikalischen Einflüsse kommen aus den benachbarten Provinzen Corrientes und Santa Fe, aus Uruguay und auch aus Brasilien. Regeln gibt es keine: Hauptsache, die Musik geht in die Beine. Abgeschlossen wird jeder Zug von der *batucada,* jener Kombo, die am Ende des Auftritts dem Publikum ein letztes Mal mit ihren Rhythmen einheizt und lauthals trommelnd durch die Arena zieht.

Monatelang haben die Regisseure an den Choreografien gefeilt, Dekorateure an den Fahrzeugen gebastelt, Schneider die Kostüme genäht. Heute ist auch ihr großer Tag. Die Tänzerinnen sieht man meist in knappen Bikinis, die Tänzer in glitzernden Höschen, eine Gruppe ist als Marsmenschen mit Raumanzügen und silbernen Flügeln verkleidet. Auf der Tribüne jubeln alle ihren Helden zu. Hier ein Küsschen, dort ein Küsschen. Jeder kennt hier jeden, da ist es auch nicht so schlimm, wenn man mal für ein paar Sekunden aus dem Zug ausschert, um einen Freund oder Verwandten zu grüßen. Irgendwo im Getümmel taucht auch Diosa auf. Strahlend reckt sie ihre Arme in die Luft und schwingt den makellosen Körper im Takt. Dicke

Schweißperlen kullern dabei über ihre Stirn. Eine Zuschauerin reicht ihr ein Handtuch. Die Göttin wischt sich hastig die Tropfen ab. Dann verschwindet sie wieder in der Menge.

Argentinien und Karneval, das ist so etwas wie eine Hassliebe. Als die Europäer unter den Südamerikanern bekannt, gelten die Argentinier nicht gerade als Stimmungskanonen, manch einer hält sie gar für träge und arrogant. Dass sie aber auch feiern können, das zeigt sich einmal im Jahr in Gualeguaychú. In den schwülen Südsommernächten geht selbst mancher *porteño*, der in der Stadt zu Gast ist, so richtig aus sich heraus und legt den Ballast ab, den er das Jahr über mit sich herumschleppt. Vorbei ist es dann mit dem Zauder, der ihn zwischen unbändiger Lebenslust und unendlicher Betrübtheit in ständigen Selbstzweifeln wiegen lässt, vorbei ist es mit der grenzenlosen Melancholie, die selbst in freundlichen Zeiten wie ein schwerer Samtvorhang über ihm hängt. In den Nächten von Gualeguaychú, diesen heißen Nächten, vergisst mancher Argentinier sich selbst und die Schwere der Welt um sich herum und lässt sich einfach fallen. Fallen in den Karnevalsrausch, fallen in ein Meer aus unkontrollierten Gefühlen, fallen in die Tiefe seiner eigenen südamerikanischen Seele, die ihm im Prinzip so fremd ist und für die er seine brasilianischen Nachbarn so gerne verlacht.

So gespalten das Verhältnis der Argentinier zum Karneval ist, so gespalten ist gerade auch seine jüngere Geschichte. Denn nicht immer lief in Gualeguaychú alles rund. Seit Beginn der Wirtschaftskrise im Jahr 2001 und der Loslösung des Peso-Kurses vom Dollar hat das Fest stark gelitten. Statt einst fünf Karnevalsgruppen dürfen heute nur noch drei im Corsódromo auftreten: der Sieger des Vorjahrs und die beiden, die im vergangenen Jahr pausieren mussten. »Das hat etwas mit Geld zu tun«, sagt Ana, die auf der Tribüne steht, um ihrer Schwester zuzujubeln, die auf einem der Wagen tanzt. Schließlich seien alle Kostüme handgemacht. Jeder der Wagen verschlinge im Jahr etwa sechseinhalb Millionen argentinische Peso, weiß die Zweiundzwanzigjährige, umgerechnet rund hunderttausend Euro.

Wer neben dem Corsódromo die Plakatwände betrachtet, der sieht Reklame für Dinge, die in Gualeguaychú wirklich gebraucht werden: Traktoren, Pflüge, Wasserpumpen, Austauschmotoren. Und er erhält einen Einblick in das eintönige Alltagsleben. Dort, wo Rinderzüchter und Kornbauern längst der Rezession Tribut zollen mussten, macht der Karneval vieles vergessen. »Er ist unser Ein und Alles, er gibt uns Freude, er gibt uns Kraft«, sagt Ana. Dann ergänzt sie noch: »Er ist der beste Karneval der Welt, das sollen die uns in Rio erst mal nachmachen.« Nein, bescheiden ist man in Gualeguaychú nicht. Selbst in der Lokalzeitung geht man nicht gerade sparsam mit Superlativen um: »Die unglaubliche Schönheit der Argentinierinnen, der hübschesten Frauen der Welt, macht unseren Karneval so einzigartig«, heißt es dort als Ankündigung auf das Spektakel.

Bei der Wahl zum besten Karnevalsverein von Gualeguaychú lässt sich die Jury nicht von so profanen Äußerlichkeiten leiten. Sieben Nächte müssen die Tänzerinnen und Tänzer der drei Gruppen ihr Bestes geben und tanzen, was das Zeug hält. Ein ums andere Mal ziehen die Wagen durch das Corsódromo, dann erst steht der Sieger fest. Die fünfköpfige Jury, deren Mitglieder jedes Wochenende wechseln, beurteilt neben der Dekoration der Wagen und der Qualität der Kostüme auch die Musik, die tänzerischen Darbietungen sowie das Gesamtbild des Auftritts. Wer am Ende die Nase vorne hat, dem gebührt nicht nur ein ganzes Jahr lang Ruhm und Ehre, auch die Teilnahme im kommenden Jahr ist ihm sicher – im krisengeschüttelten Argentinien keine Selbstverständlichkeit.

Es ist drei Uhr morgens, als sich der erste Karnevalsabend des Jahres dem Ende zuneigt. Wir schlendern zurück zum Wagen. An einer Straßenkreuzung treffe ich Diosa wieder. Sie wirkt derangiert. Ihr Make-up ist verlaufen, die Federkrone verrückt. Trotzdem begrüßt sie mich freundlich. Ob ich ihr ein paar Fotos schicken könne von ihrem Auftritt, fragt sie. Ja, erwidere ich, und reiche ihr einen Stift, um die Adresse zu notieren. Die Göttin heißt im wirklichen Leben Clara, sie wohnt in einer kleinen Siedlung am Rande der Stadt und hat eine E-Mail-Adresse bei Hotmail. Ich versichere ihr, die besten Bilder zu schicken, sobald ich wieder zu Hause bin. Dann verabschieden wir uns. Müde stapft sie bis zur nächsten Häuserecke. Noch einmal dreht sie sich um, ein letztes Mal zeigt sie ihr strahlendes Lächeln. Dann verschwindet sie erschöpft im Dunkel der Nacht. Auch Göttinnen müssen eben irgendwann mal schlafen gehen.

Neues vom Hexer

Niemand zähmt wilde Pferde so sanft und so geschickt wie er. Sogar gestandene Gauchos blicken in Ehrfurcht zu ihm auf

Bevor er sie verzaubert, sieht er ihnen tief in die Augen. Noch einmal prüft er die Leine, versichert sich, ob das Tor des Korrals fest verschlossen ist. Dann beginnt die Zeremonie. Zuerst legt er ihnen vorsichtig das Zaumzeug an. Dann bittet er sie in den Ring. Die Pferde haben Angst vor diesem Moment. Sie betreten den Korral wie wilde Furien. Schnaubend, scharrend, fauchend stieben sie in der kleinen Umzäunung umher. Im ersten Moment fürchten sie, es ginge um ihr Leben. Noch nie hat ihnen jemand einen Lederriemen um den Hals gelegt, noch nie hat es jemand gewagt, sich ihnen bis auf wenige Zentimeter zu nähern. Doch dann, ganz langsam, wenn sich die erste Aufregung gelegt hat, wenn der Hexer ihnen beruhigend zuredet, immer wieder an der Leine zieht und sie mehr und mehr mit seinen Worten umgarnt, kehrt Ruhe ein im Korral.

Kaum einer in Argentinien versteht es so wie er, wilde Pferde zu zähmen. Niemand kennt ihr Verhalten besser als er. Kein Mensch weit und breit kann sich schneller in die Tiere hineinversetzen als er. Das sagen die *peónes*, die Landarbeiter, das sagen selbst erfahrene *gauchos*. Es dauert zwanzig Minuten, vielleicht eine halbe Stunde, bis der Hexer das erste Mal Körperkontakt mit einem Tier aufnimmt, es am Hals krault, ihm mit der flachen Hand sanft über den Kopf streicht, ihm vorsichtig in die Nüstern bläst, so wie es Pferde zur Begrüßung zu tun pflegen. Später, wenn er das Vertrauen des Tieres gewonnen hat, schmiegt er sich an den Rumpf des Pferdes, berührt es zart mit den Wangen. Wenn die Annäherung noch ein Stück fortgeschritten ist, das Pferd sich vollends entspannt hat, legt es sich wie von Gottes Hand gesteuert auf den Boden, alle viere in die Luft. Der Hexer geht dann in die Knie, lässt sich vorsichtig auf den Bauch des Tieres gleiten und umschlingt es mit seinen Armen. Für einen Augenblick scheinen die Nasen von Mensch und Tier sich zu berühren. Ein inniger Moment. Dann lassen beide voneinander ab. »Kein Pferd«, sagt *el brujo*, der Hexer, »kein Pferd ist von Natur aus böse. Im Gegenteil: Wer Liebe sät, der wird auch Liebe ernten.«

Ich las vor mehr als fünfundzwanzig Jahren das erste Mal vom Hexer, der mit bürgerlichem Namen Martín Pedro Hardoy heißt. Es war in einer dieser Hochglanzzeitschriften über fremde Länder und Kulturen, die ich damals in rauen Mengen verschlang. In europäischen Augen ist ein Mann, der ohne Gewalt Pferde zähmt, vielleicht nichts Außergewöhnliches. Diese Kunst aber Menschen beizubringen, die seit Generationen ihr Leben im Sattel verbringen und nichts anderes kennen als die ureigene Methode, um Tiere gefügig zu machen, nämlich rohe Gewalt, dieser Gedanke faszinierte mich. Fast eineinhalb Jahrzehnte lag der Artikel im Schrank, bis ich ihn, inzwischen mit einer Argentinierin verheiratet, wiederentdeckte. Ich las ihn ein zweites und ein drittes Mal, und irgendwann fand ich heraus, dass der Hexer nicht einmal fünfzig Kilometer vom Haus der Familie meiner damaligen Frau entfernt wohnte. Schnell war der Kontakt hergestellt, und *el brujo* versprach, mich auf seinem Anwesen zu empfangen: Gemeinde Solís, Kreis San Antonio de Areco, Provinz Buenos Aires.

Eine warme Brise wehte, als wir an diesem Januarmorgen von der Ruta Nacional número ocho in einen Feldweg abbogen. Die Blätter der Eukalyptusbäume raschelten im Wind, Vögel zwitscherten. Von Weitem war das zwischen den Bäumen versteckte Haus kaum zu erkennen. Langsam holperte der Wagen über die ausgefahrene Piste, bis wir an ein Gatter kamen. Hunde bellten. Sekunden später stand Martín Hardoy an der Pforte. Ich erkannte ihn sofort. Seine Schläfen waren seit dem Artikel ein wenig grauer geworden, den *Gaucho*-Hut hatte er gegen eine Baseballkappe eingetauscht, aber die runden, sympathischen Gesichtszüge waren dieselben geblieben. Freundlich begrüßte er uns. Augenblicke später standen wir auf der Koppel, umgeben von Dutzenden von Pferden. Einige trugen die Mähne zu einem kahlen Saum geschoren, das Zeichen für ein bereits zugerittenes Tier. Andere hatten das Haar offen, so als wollten sie sagen: Achtung, wild.

»Ihr kommt im richtigen Moment«, sagte der Hexer, als wir den kleinen Korral betraten. »Wir sind gerade dabei, eine Stute zu zähmen.« Der heute Einundsechzigjährige ist kein extrovertierter Mensch. Dennoch redet er gerne über sein Handwerk. Über ein Handwerk, das er von der Pike auf gelernt hat und das er so trefflich beherrscht wie kein Zweiter: *doma racional y sin violencia,* wie er es nennt, das Zähmen und Abrichten wilder Pferde ohne Gewalt. Seinen Spitznamen verdankt der Hexer den ersten Landarbeitern, die einst seine Kurse besuchten. Bis heute ist ihm der Name geblieben. »Vor allem die Leute auf dem Land nennen mich noch so«, sagt Hardoy, »weil meine Arbeit für sie so etwas ist wie Hexerei.« Und in der Tat: Wofür andere Tage und Hunderte Peitschenhiebe benötigen, das gelingt Hardoy durch gutes Zureden in wenigen Augenblicken. Binnen Minuten schafft er es, ein wildes Pferd handzahm zu machen, innerhalb eines einzigen Tages gehorcht es ihm. Dann kann es zugeritten werden.

Zu Dutzenden strömen *peónes* und *gauchos* aus allen Provinzen herbei, um von Hardoy das Handwerk zu lernen. Mehr als tausendfünfhundert Kurse hat der Hexer in den vergangenen fünfunddreißig Jahren gegeben. Er hat Videos gedreht und DVDs aufgenommen, er war in nahezu jeder erdenklichen Zeitschrift und auch in vielen Fernsehsendungen zu Gast. Doch an diesem Tag ist die Gruppe der Zuhörer klein. Neben Hardoy stehen Maxi und Pedro, zwei junge Landarbeiter, die von einem Nachbarn geschickt wurden, um die hohe Schule des sanften Zureitens zu erlernen. Ihre Hüte haben sie tief ins Gesicht gezogen, die weiten *bombachas,* die Pluderhosen, wehen im Wind. Hardoy schiebt die Füße zwischen die Stäbe des Korrals und erhebt die Stimme: »Bevor ihr euch das erste Mal an ein Tier heranwagt, müsst ihr die wichtigste

Regel kennen: Einem Pferd tut man keine Gewalt an, sonst tut es euch Gewalt an.« Einen Moment lang hält der Hexer inne, blickt noch einmal im Kreis, so als spräche er für ein großes Auditorium. Dann lässt er die Stute aus der kleinen Box an der Leine in die Umzäunung.

Zuerst wehrt sich das Tier, stolpert verschreckt umher. Stöhnt, schnaubt, prustet. Dann beginnt das immer gleiche Ritual, das Hardoy »die Verführung« nennt. Beruhigend redet der Hexer auf das Pferd ein, besänftigt es mit Worten, liebkost es mit Blicken. Eine halbe Stunde dauert das Ritual, bei dem nur Hardoys Worte und das leise Schaben der Pferdehufe im Sand zu hören sind. Immer wieder dreht sich die Stute ab, um sich dann wieder erstaunt zu Hardoy zu wenden. Erstaunt, dass nichts passiert. Erstaunt, nichts zu ernten als ein paar freundliche Worte, sanft dahingehaucht wie der Wind im Pampasgras. »Will das Tier weg, ziehe ich an der Leine, sieht es mich an, lasse ich die Leine locker«, sagt der Hexer. »Nur so erreiche ich, dass das Pferd es angenehm findet, mich anzusehen.« Gibt die Stute dem Werben Hardoys irgendwann nach, taxiert sie ihn vorsichtig mit ihren Blicken und lässt ihn Schritt für Schritt immer näher kommen, bis er sie schließlich berühren kann, dann hat Hardoy gewonnen. *Ablandar* nennt er das, erweichen. Viele Tausend Male hat der Hexer das so gemacht, viele Tausend Male stand am Ende ein zahmes Tier vor ihm.

Bereits als kleiner Junge begann Hardoy mit dem Reiten. Von den *gauchos,* die auf dem Landgut seines Vaters arbeiteten, lernte er schnell, mit den Tieren umzugehen. Und sie zu zähmen. Die

Methode war so einfach wie brutal: Die Arbeiter banden das Pferd an einen Pfahl und schlugen es so lange, bis ihm nichts anderes übrig blieb, als zu spuren. Danach ritten sie es mit wilden Peitschenhieben ein. Auch Hardoy saß dabei oft im Sattel. Wegen seiner Geschicklichkeit nahm er in seiner Jugend an verschiedenen Reitturnieren teil. Doch die Karriere endete abrupt, als er sich wegen eines Rugby-Unfalls einer Rückenoperation unterziehen musste und der Arzt ihm untersagte, je wieder ein Pferd zu besteigen. Aus der Not machte Hardoy eine Tugend. Immer öfter gelang es ihm, Tiere auch ohne Gewalt gefügig zu machen. »Zuerst merkte ich nur, dass das nicht schlechter ging, später wurde mir klar, dass es viel besser war.« Mit der alten Methode ließen sich nur einige der Tiere zähmen, mit der neuen nahezu alle. Nach dem Abbruch seines Studiums als Veterinärmediziner reiste Hardoy nach Europa, um sich fortzubilden, und besuchte dort die Real Escuela Andaluza del Arte Ecuestre im spanischen Jerez de la Frontera. Später nahm er in seiner Heimat an verschiedenen Kursen teil: über die Aufzucht von Pferden, über ihre Haltung und über die Ausbildung zu Sportpferden. »Meine heutige Technik ist eine Mischung aus allem, was ich in fünfunddreißig Jahren gelernt habe, und aus den alltäglichen Notwendigkeiten, die die Leute hier auf dem Land haben«, sagt Hardoy. »Schließlich haben Pferde bei uns eine große Tradition.«

Es waren die *gauchos*, die diese Tradition begründeten. Im 17. und 18. Jahrhundert sprengten sie auf ihren Pferden durch die *pampa*, um herrenlose Rinder einzufangen und deren Häute gegen

Essbares einzutauschen. Bodenbesitz gab es damals nicht, alles Land gehörte dem Staat, die Tiere darauf den Menschen. Das freie Vagabundenleben änderte sich allerdings schnell, als immer größere Teile Argentiniens in Privatbesitz gelangten und die neuen Herren Zäune zogen, um das teuer gewordene Vieh zu schützen. Moderne Kühltechniken, die Verbesserung der Transportwege und riesige, industriell organisierte Schlachthöfe machten die Viehwirtschaft zu einem lukrativen Geschäft. Der *gaucho* wurde in diesem System zunehmend überflüssig. Zwar sorgte der Schriftsteller José Hernández mit seinem Epos »El gaucho Martín Fierro« in den siebziger Jahren des 19. Jahrhunderts dafür, dass die Figur des *gauchos* zum Sinnbild für Heimatverbundenheit und Sentimentalität einer ganzen Nation wurde. Am Leben der realen *gauchos* änderte das allerdings nichts. Als Landarbeiter mussten sie sich fortan der strengen Hierarchie der *estancias* unterwerfen. Ihr Sein war in geregelte Bahnen gelenkt. So absurd es für den ersten *gaucho* gewesen sein muss, einen Traktor zu fahren, so absurd ist es für manchen heute noch, einen Kurs bei Martín Hardoy zu besuchen.

Dennoch enden diese Kurse meist mit großem Erfolg. Und mit großem Erstaunen, denn selbst Skeptiker überzeugt Hardoy im Handumdrehen. Vielleicht liegt es an seiner Geduld mit den Tieren, vielleicht an seiner großen Beharrlichkeit, vielleicht aber auch am enormen Verständnis für seine Umgebung und die Menschen darin, dass er so positiv auf seine Zuhörer wirkt. »Nie würde ich die traditionelle Technik kritisieren«, sagt Hardoy. »Ich habe sie ja selbst von klein auf zelebriert und glaubte fest daran. Bis ich mich vom Gegenteil überzeugen ließ.« In Argentinien, sagt er, in diesem rauen Land, setzten die Eltern ihre Kinder schon mit vier Jahren in den Sattel. So lerne beinahe jeder reiten. Rein aus dem Bauch raus, nur mit Gefühl. »Aber eine Technik, die hat hier niemand, auch nicht beim Zähmen.« Und genau das sei der Grund, warum er sich vorgenommen habe, mit der Tradition zu brechen. Hardoy tut es mit Erfolg. Von zweihunderttausend reitenden Argentiniern zähmen heute bereits etwa zwanzig Prozent nach seiner Methode, schätzt er. Das sind vierzigtausend.

Hat der Hexer seinen Kursteilnehmern die ersten Handgriffe gezeigt, dann sind sie selbst an der Reihe. Zuerst ist an diesem Tag Maxi dran. Etwas unsicher blickt der junge Landarbeiter drein, als Hardoy ihm die Leine in die Hand legt. Mit leisen Worten beginnt er dem Pferd zuzureden, immer wieder zieht er sanft am Zügel, wenn sich das Tier wegdreht, lässt locker, wenn es ihn anblickt. So wie es der Hexer vorgemacht hat. Die ersten Handgriffe wirken noch ein wenig unbeholfen, ja fast verlegen. Noch nie hat der Vierundzwanzigjährige ein Pferd ohne Stock und Peitsche gezähmt. Doch dann, ganz langsam, kommt er der Stute näher. Zuerst sind es nur ein paar Zehenlängen, später einige Schritte, am Ende ist er dem Tier so nah, dass er es greifen kann. Mit seinen Händen berührt er zuerst das Kinn, dann die Nase, dann den Kopf. Schließlich legt er die Arme um seinen Hals. Keine Regung. Das Tier wehrt sich nicht. Im Gegenteil: Der gerade noch wilden Stute scheint das Liebkosen zu gefallen. Sie schnaubt genussvoll. Ungläubig blickt der Landarbeiter zuerst auf seine Hände, dann auf das Pferd, dann zu Hardoy. Die Augen sprechen Bände: Für den Lehrling grenzt das eben Geschehene an ein Wunder. Für Martín Hardoy, den sie auch *el brujo* nennen, ist es nichts als alltägliche Hexerei.

Aus Fleisch und Blut

Kaum etwas ist dem Argentinier so lieb und teuer wie sein »asado«. Wie man es zubereitet, ist eine Wissenschaft für sich

Er hat Nierchen liebkost, Rinderrücken gewalkt und Lenden massiert. Er hat Filetsteaks, Rippensteaks und Rumpsteaks gegrillt. Er hat Nuss, Blatt, Kamm, Keule, Hals und Hoden zubereitet wie kaum ein anderer, ja ganze Kuhdärme hat er in einem Stück aufs Feuer gelegt. Er hat sie nicht auf tausend, sondern immer auf eine und die gleiche Art gemacht: Erst hat er das Fleisch vorsichtig mit dem Messer zertrennt und mit der Hand in Form gebracht, dann hat er es mit grobem Salz bestreut und schließlich langsam, ganz langsam über den glühenden Holzkohlen gegart. Manche Stücke nur ein paar Sekunden lang, andere einige Minuten, wieder andere eine halbe Stunde und mehr. Er hat jedes nur ein einziges Mal gewendet und kein einziges davon je angeschnitten, um zu sehen, ob es gar ist. Er hat beinahe die ganze Arbeit nur mit den Augen gemacht. Mit der Hingabe und dem Gefühl eines großen Experten, eines der besten Grillmeister weit und breit.

Am Tag hat er hundertfünfzig Kilo Fleisch zubereitet, mehr als tausend in der Woche. Er hat viertausendzweihundert Kilo im Monat oder fünfzigtausendvierhundert im Jahr gegrillt. Rechnet man das auf die fünfunddreißig Jahre um, die er schon am Grill steht, dann hat er in seinem Leben mehr als eine Million und siebenhunderttausend Kilo Fleisch gebraten. Hin und wieder hat er nur für eine Handvoll Leute gekocht, oft aber auch für bis zu hundertvierzig Personen auf einmal. Manchmal hat er auch Fisch gemacht, meist freitags. Aber eben nur manchmal, denn sein Hauptgeschäft war immer die *parrilla*, das Fleisch vom Grill. Kaum einer hat mit so viel Leidenschaft gearbeitet wie er. Kaum einer hat das Fleisch so gefühlvoll über den Kohlen gegart. Gegart, bis es innen saftig rot war und doch noch ein bisschen blutig, ganz so, wie es seine Gäste im Barrio Norte lieben, und wie sie es an kaum einem anderen Platz im Viertel, ja vielleicht in ganz Buenos Aires bekommen.

Ricardo Martínez ist *asador*, Grillmeister, in der Parrilla Peña, einem jener traditionellen Lokale, die dem Passanten von außen kaum auffallen, und die auch von innen einfach nur durch das überzeugen, was auf den Teller kommt. Kein unnötiger Schnickschnack an den Wänden, keine feinen Tischdecken, keine Samtvorhänge und keine livrierten Kellner. Die Parrilla Peña ist der Inbegriff eines einfachen Arbeiterlokals. Seit fünfunddreißig Jahren besitzt Martínez das Restaurant an der Kreuzung der Straßen Rodriguez Peña und Viamonte gemeinsam mit einem Freund. Seit fünfunddreißig Jahren empfangen beide dort tagein, tagaus ihre Gäste. Und immer geht Martínez mit derselben Gelassenheit ans Werk. Morgens um zehn zieht er seine Schürze über, setzt eine weiße, stets frisch gewaschene Haube auf und legt beides bis spätabends nicht mehr ab. Zuerst hält er ein Schwätzchen mit seinen Angestellten, trinkt vielleicht ein Glas Cognac. Dann wetzt er mit geschickten Handgriffen die Messer, schärft in aller Seelenruhe deren Klingen. Sind alle scharf genug und hängen fein säuberlich an den großen stählernen Haken neben dem Feuer, dann kümmert er sich um die Glut. »Die Glut«, sagt Martínez, »die Glut ist das Wichtigste.« Die Steaks können noch so fein sein, die Rippchen noch so zart, die Keulen noch so saftig. »Niemals werden sie etwas ohne die richtige Glut.« Die Kunden wissen diese Liebe zum Detail zu schätzen, deswegen ist er in ihrer Gunst so weit vorne, deswegen kommen sie von weit her, um bei ihm zu speisen: aus dem Microcentro, aus Recoleta, San Telmo und sogar aus dem Hafenviertel La Boca. Deswegen ist sein Lokal fast immer voll.

Auch in Zeiten, in denen die Lehren gesunder Ernährung die Welt im Sturm erobern, ist Argentinien noch immer ein fleischverrücktes Land. Martínez kann es bezeugen, und mit ihm Dutzende andere *asadores,* die in den *parrillas* von Buenos Aires Filets, Hüften, Schenkel, Lebern und Nieren auf den Grill legen. Zwar sind die Zeiten vorbei, in denen ein durchschnittlicher Argentinier etwa hundertfünfzig Kilogramm Rindfleisch pro Jahr verdrückte. Bis heute bringt es der Argentinier aber immerhin noch auf hundertsieben Kilo pro Jahr, eine stattliche Summe – und zweiundzwanzig Kilo mehr als ein Deutscher. »Natürlich haben wir gemerkt, dass die Leute weniger Fett essen«, weiß Martínez. Früher, sagt er, seien auch cholesterinreiche Gerichte wie Kalbshaxe gut konsumiert worden. Heute essen sie lieber *lomo,* Filet, und *colita de cuadril,* ein feines Stück von der Hüfte. »Trotzdem«, sagt Martínez,

»geht kaum ein Gast unter vierhundert Gramm Fleisch bei uns raus.« Die *chorizos*, die Bratwürste, die Martínez seinen Gästen als Vorspeise serviert, noch nicht miteingerechnet.

Man kann über die argentinische Küche viel sagen. Man kann sagen, dass sie bodenständig sei, dass sie wenig zu bieten habe, dass sie vielleicht sogar einfallslos sei. Man kann sagen, dass es ihr an Raffinesse fehle, an Vielfalt. Man kann monieren, dass alles, was sie ausmacht, irgendwann mit den Europäern ins Land kam. Böse Zungen behaupten sogar, dass ein argentinisches Essen nichts sei, als das Garen verschiedener Zutaten, ohne ihre Geschmäcker in Einklang zu bringen. Vieles davon trifft vermutlich zu. Doch über eines kann man nicht streiten: über den Geschmack des Fleisches. Wer einmal in einer *parrilla*, einem jener rustikalen Fleischlokale in Buenos Aires, zu Gast war, der weiß, dass hier, und nur hier, die besten Steaks der Welt gegart werden. Das ist kein Klischee, keine plumpe Lobhudelei, sondern eine Tatsache.

Natürlich ist es eine Mär, dass argentinische Rinder von Haus aus besser sind als europäische. Können sie gar nicht sein, schließlich waren es die Europäer, die das Vieh nach Argentinien brachten. Mitte des 16. Jahrhunderts war das, genauer gesagt 1552 sollen spanische Eroberer die ersten sieben Kühe und einen Stier an den Río de la Plata geschickt haben. Viele sind ihnen später, vor allem im 19. Jahrhundert, gefolgt. Zu den in Argentinien am weitesten verbreiteten Rassen gehören noch heute Namen wie Hereford, Shorthorn, Aberdeen Angus, Bradford, Charolais und Limousin.

Europäische Landwirte sieht man dennoch neidvoll nicken, wenn argentinische *estancieros*, Großgrundbesitzer, von der Weite der *pampa*, von der Unermesslichkeit ihrer Weiden sprechen. Und davon, dass ihre Tiere im Winter wie im Sommer nichts anderes als Pampasgras zwischen die Kiefer bekommen, dass sie ihr Leben nicht eingepfercht in Boxen verbringen müssen und dass sie weder mit Tiermehl gemästet noch mit Hormonen vollgepumpt werden wie in Europa und in den USA. In Argentinien ernähre sich ein Rind in den zwei Jahren von seiner Geburt bis zum Bolzenschuss ausschließlich von Grünzeug, sagt Ricardo Martínez, ganz so wie es die Natur für Wiederkäuer vorgesehen habe. »Es liegt nicht am Rind, sondern an seiner Umgebung, dass das Fleisch so gut schmeckt«, sagt der Grillmeister. Und hat damit wohl recht.

Aber natürlich ist es nicht nur die Ernährung, die das argentinische Fleisch so geschmackvoll macht. Es ist zu einem ganz wesentlichen Teil auch seine Zubereitung. Zwar kommt das Fleisch in den *parrillas* von Buenos Aires für europäische Augen sonderbar schmucklos und unprätentiös daher, manchmal beinahe plump. In der Parrilla Peña ist das nicht anders als im exklusiven Cabaña las Lilas im schicken Hafenviertel Puerto Madero, einem der besten Fleischlokale der Stadt, oder im viel frequentierten La Estancia. Auf dem Teller liegt meist ein riesiges Stück Fleisch, daneben steht ein Schüsselchen Salat. Das war's. Doch genau so soll es auch sein, schließlich verschandelt der Argentinier sein Fleisch ungern mit Saucen. Marinade ist für ihn tabu, ein Jägerschnitzel ein Verstoß gegen den guten Geschmack, Mayonnaise und Ketchup ein Affront gegen den Grillmeister. Sein Fleisch verzehrt er am liebsten nur mit Salz, bestenfalls versieht er es mit einem Schuss *chimichurri*, jener pikanten Petersilien-Knoblauch-Sauce, die beinahe in jedem Restaurant serviert wird. Dafür schmeckt es unerhört gut. Da ist es auch fast gleich, was man bestellt. Ob man wie die meisten Touristen bei Martínez die feinen Teile vom Rind wie *bife de lomo*, Filetsteak, *bife de chorizo*, Rumpsteak, und *ojo de bife*, Ribeye, vorzieht. Oder ob man wie viele Einheimische zu *tira de asado*, Rippenstücke, *matambre*, Kalbsbauch, *entraña*, Eingeweide, oder *mondongo*, Rindermagen, greift.

Mondongo ist auch Martínez' Favorit. »Ein feines Stück Fleisch«, sagt er und legt einen waschbrettgroßen Lappen ausgebreitet auf den Tisch. »Sehr gut im Geschmack und überhaupt nicht teuer.« Doch auch das müsse man zu präparieren wissen. Die Zauberformel jedes guten *asadors* heißt Geduld. Mit gravitätischer Ruhe präpariert Martínez zunächst den Grill. Ist die Glut so weit, glüht sie hellrosa, und ist die erste große Hitze gewichen, verteilt er sie flach unter dem Grill. Dann legt er sorgfältig ein paar kleine Stücke davon beiseite. »Um bei Bedarf nachlegen zu können«, sagt er. Später lässt er aus den Händen ein paar Körner grobes Salz auf das Fleisch rieseln und legt es vorsichtig auf das Feuer. Dann wird gewartet, gewartet und gewartet.

Grillen in Argentinien ist keine schnelle Angelegenheit, sondern ein Ritual. Eine kultische Handlung, bei der das Ziel nur eines ist: Das Fleisch muss weich bleiben, egal ob der Gast es halb roh *(vuelta y vuelta)* wünscht, saftig *(jugoso)*, auf den Punkt *(a punto)* oder gut gegart *(cocido)*. Dafür tut der Grillmeister alles. Mit Hingabe blickt Martínez die verschiedenen Fleischberge auf dem Feuer an, legt mal an diesem Ende, mal an jenem Ende ein Stück Glut nach. Nur eines tut er nicht: Niemals sticht er sein Fleisch mit dem Messer, mit der Gabel oder einem anderen spitzen Gegenstand an, um zu sehen, wie es von innen aussieht. »Das Fleisch«, sagt Martínez, »das Fleisch muss intakt auf den Teller kommen, mit all seinen Säften, mit all seinem Geschmack. Sonst ist es nichts.« Wann das Fleisch fertig sei, das beurteile der *asador* nur nach seinem Äußeren. »Wenn kleine rote Perlen aus der Haut rinnen, dann dreht man es um. Passiert das auch auf der zweiten Seite, ist es fertig. *A punto*. Man sieht es und weiß Bescheid.«

Ricardo Martínez kennt viele dieser Regeln, vermutlich kennt er sie alle. Aber eine liegt ihm ganz besonders am Herzen. Niemals würde Martínez auf die Idee kommen, sein Grillgut auf dem Feuer zu bewegen. »Der Grillmeister verschiebt nie das Fleisch, sondern immer nur die Glut«, sagt er. Nicht einmal im Traum denkt er daran, ein Steak jemals vom Fleck zu bewegen. »Nur einmal fasst man es vorsichtig mit der Zange an, beim Wenden.« Im »Manual del asador. Ciencia y secretos para merecer el aplauso«, einem der Klassiker in argentinischen Buchläden, ist dieser Brauch in etwa so beschrieben: »Das Fleisch bleibt zu jeder Zeit unangetastet. Um die Hitze zu verteilen, bewegt der *asador* die Kohlen. Nur so wird es überall gleich durchgebraten, nur so erhält es die goldbraunen Linien, die zeigen, dass es tatsächlich auf dem Grill lag.« Auch beim *asado* isst das Auge eben mit.

Doch es sind nicht nur die *asadores* in den *parrillas* von Buenos Aires, die sich jeden Tag ans Feuer wagen, um ihre Grillkunst zu demonstrieren. Es hat sich quasi zum Volkssport entwickelt, auch selbst Hand beim Fleisch anzulegen. Immer wieder stellen sich sonntags Tausende Hobbygrillmeister in ganz Argentinien ans Feuer, um der uralten Tradition der *gauchos*, die schon vor Hunderten Jahren auf ihren Pferden durch die *pampa* sprengten und große Fleischberge am offenen Feuer gegart haben sollen, nachzueifern. Dann nämlich treffen sich ganze Großfamilien zum *asado*, jenem feierlichen Ritual, das wörtlich übersetzt so viel bedeutet wie »Grillfleisch« oder »Braten«, heute aber gemeinhin für das Grillereignis an sich verwendet wird. Ab zwei Uhr nachmittags prasseln dann überall in Argentinien die Feuer. Und auch im Privaten ist das Grillen mehr als eine grobschlächtige Partysause, bei der raue Mengen von Fleisch aufs Feuer geworfen werden, um dann am Stück verschlungen zu werden. Ganz im Gegenteil: Das *asado* ist eine kultartige Handlung, die der Argentinier selbst zu eben dieser gemacht hat, indem er das Grillerlebnis über Jahrhunderte gepflegt und kultiviert hat. Auf sein *asado* lässt er nichts kommen, sonst würde er sich selbst und sein ganzes Land infrage stellen.

Über *asado* zu reden ist viel mehr, als über den Sattmacher Fleisch zu sprechen und wie man ihn am besten zubereitet. Es ist eine Diskussion um den Kern des argentinischen Selbstverständnisses, eine

Diskussion über die Wissenschaft des Fleischbratens und unzählige Geheimnisse drumherum, die im Prinzip nur er, die bewundernswerte Person des Argentiniers, zu kennen vermag, und die die Gestalt des *asadors* quasi stellvertretend für die anwesende Gesellschaft am Grill in die Tat umsetzt. Ein *asado* ist weit mehr als ein schnödes Grillen für Familie, Freunde und Bekannte. Es ist das demonstrative Zurschaustellen der nationalen Identität. Nur wer ein *asado* gut präpariert, der ist ein guter Argentinier. Natürlich würde das niemand so direkt sagen, aber die Schande, ein *asado* vermasselt zu haben, nagt lange am bloßgestellten Grillmeister.

Zwar lässt sich der *asador* bei seiner Arbeit jederzeit gerne auf die Finger sehen. Auch Ausländer sind da herzlich willkommen. Auf keinen Fall sollte sich der Gast aus dem fernen Europa aber zu Wort melden, wenn etwas schiefgeht, und schon gar nicht ein *alemán*, ein Deutscher. Das Land, das die Bratwurst zwar salonfähig gemacht hat, in dem ihr Geschmack aber über den lodernden Flammen des Feuers erstickt wird, in dem mit chemischen Grillanzündern angefeuert wird und in dem das Fleisch auch schon mal mit Bier übergossen wird, genießt in Sachen Bratkunst am Río de la Plata keinen besonders guten Ruf. Wahrscheinlich zu Recht.

Ricardo Martínez kennt derlei Diskussionen nicht. Dennoch hat er in den fünfunddreißig Jahren, in denen er sein Geschäft hat, viel erlebt. Er hat Anwälte zu Gast gehabt, Doktoren und Politiker. Er hat Ärzte bedient, Parlamentsabgeordnete verwöhnt, selbst Viehbarone mit seiner Grillkunst verzaubert. Er hat Regierungen kommen und gehen sehen. Er hat sie alle miterlebt, die Aufs und Abs Argentiniens. Den Aufschwung der Neunziger hat er gesehen, den tiefen Fall nach der Wirtschaftskrise 2001. Er hat beim BSE-Skandal in Europa mitgelitten, der die Fleischexporte Argentiniens binnen weniger Monate fast auf den Nullpunkt brachte, den Preis in den freien Fall. Er hat das Comeback miterlebt, als kurze Zeit später alle Welt nach argentinischem, weil BSE-freiem Rindfleisch verlangte. Er war dabei, wie aufgrund der hohen Nachfrage auf dem Weltmarkt im fleischverrückten Argentinien das Fleisch knapp wurde, die Regierung 2006 für einige Monate beinahe einen kompletten Exportstopp erließ, um die rapide Fleischverteuerung in ihrem Heimatland aufzuhalten und die Versorgung der Argentinier zu sichern. Kurzum: Er hat fast alles gesehen, was sein Land in den vergangenen siebeneinhalb Jahrzehnten erlebt hat. Doch eigentlich hat er immer nur eines gemacht: Er hat Fleisch gegrillt.

Seine Gäste sagen, er sei einer der Besten weit und breit. Er sagt, die Fähigkeiten habe jeder. Nur die Erfahrung mache den Unterschied, die unzähligen Stunden am Grill, die endlosen Tage und Nächte vor dem Feuer. Martínez ist bescheiden. Er weiß, dass es besser ist, bescheiden zu sein. Und doch ist er selbstbewusst. Noch nie sei eine Klage gekommen, sagt er, noch nie habe es einem Gast in seinem Lokal nicht geschmeckt. Zumindest könne er sich nicht mehr daran erinnern. Manchmal sei den Leuten das Fleisch etwas zu rot, dann bekämen sie ein neues Stück. Aber dass es jemandem gar nicht schmecke, komme selten vor. Nur einmal, erinnert sich Martínez, einmal sei da ein Mann gewesen, ein Amerikaner, glaubt er, dem es überhaupt nicht gemundet habe. Das hätte er gleich an seinem Blick gesehen. Ohne zu wissen, was es war, habe der Gast blind ein Gericht von der Karte bestellt: *chinchulín*, Innereien. »Vermutlich wegen des wohlklingenden Namens.« Doch den Teller habe die Küche unberührt zurückbekommen. Alles sei noch darauf gewesen: die Außenhaut, die Füllung, ja selbst die Blutwurst, die gewöhnlich dazu serviert wird. Martínez wurde nicht missmutig, nicht zornig, er war nur verwundert. Erst später, beim Zahlen, habe sich herausgestellt, dass es nicht um die Qualität der Speise ging, sondern um das große Ganze an sich. »Der Mann«, sagt Martínez, »der Mann war Vegetarier.«

Ricardo Martínez ist im Jahr 2018 unerwartet verstorben. Seine Neffen führen das Restaurant seitdem jedoch mit gleicher Leidenschaft weiter.

Die mit der Flosse tanzen

Mitte Juni beginnt auf der Halbinsel Valdés in der argentinischen Provinz Chubut die Walsaison

Mit einem Mal stand sie vor uns. Eine Wand aus Haut, Knorpel, Speck und Knochen. Vierzig Tonnen geballte Kraft. Ein Koloss von einem Tier. Aus dem Nichts war der mächtige Riese aus dem Wasser aufgetaucht, hatte einige Runden um die »Gudeñak« gedreht. Dann schnellte die riesige Heckflosse in die Höhe: fünf Meter breit, drei Meter hoch. Und triefend vor Wasser. Einen Moment lang stand sie still in der Luft, so als wollte das Tier die Menschen da draußen per Schwanzschlag begrüßen. Dann stürzte das tonnenschwere Hinterteil platschend zurück ins Wasser. Sekunden später erfassten kräftige Wellen die »Gudeñak« und schüttelten das Boot durch wie eine Nussschale auf hoher See.

Wir schaukeln über den Golfo Nuevo vor der Halbinsel Valdés im Osten Patagoniens und sind auf der Suche nach einem der größten Meeressäuger der Erde, dem Südlichen Glattwal. Achtzehn Stunden hatte die tausendfünfhundert Kilometer lange Fahrt von Buenos Aires durch die Unermesslichkeit der *pampa* in das verschlafene Hafenstädtchen Puerto Pirámides gedauert. Achtzehn Stunden durch ein Land, das keine Richtung kennt, keine Zäune, keine Grenzen. Der Wind fauchte uns bei jedem Stopp grimmig ins Gesicht, stundenlang zog am Fenster nur karstiges Gestrüpp vorbei. Hin und wieder passierten wir eine Ortschaft: rechteckig angeordnete Straßen, ein Busbahnhof, ein paar Sandwichverkäufer. Sonst nichts.

»*Paciencia, paciencia*«, hatte Ricardo Pinino Orri, den sie auch Capitán Pinino nennen, gesagt, als wir ungeduldig über das sanft gekräuselte Wasser des Golfo Nuevo schipperten. Geduld, Geduld. Immer wieder hatte der Walexperte durch sein Fernglas gespäht, ob nicht irgendwo etwas zu sehen sei. Minutenlang hatte er den Kopf in alle Richtungen gedreht, das Wasser mit seinen Blicken wie mit einer Harke durchfurcht. Dann waren sie plötzlich da, die beiden Riesen: eine Mutter mit ihrem Kalb. »Wal auf neun, Wal auf zehn, Wal auf elf …«, hatte der *capitán* gesagt. Sekunden später tauchten sie unvermittelt vor uns auf. Prustend zogen die beiden ihre Bahnen im Wasser. Immer wieder reckte die Mutter ihren Kopf in die Luft, so als wollte sie dem Atlantik wie eine Meerjungfrau entspringen, um dann schwanzwinkend zu verschwinden und das eben Getane nach einigen Augenblicken zu wiederholen. Jahr für Jahr zwischen Mitte Juni und Mitte Dezember versammeln sich mehrere Tausend Glattwale an den Gestaden der Halbinsel Valdés, um ihre Jungen zur Welt zu bringen. Sind die Kleinen groß genug, ziehen die Familien gelassen ihres Weges durch den Atlantik, um im nächsten Jahr an genau denselben Ort zurückzukehren. Seit Jahrmillionen wiederholt sich dieses Ritual.

Hundert Jahre nehmen sich gegen einen derart langen Zeitraum wie die Größe eines Sandkorns in der unendlichen Steppe Patagoniens aus. Doch beinahe hätte der Mensch das Schicksal der riesigen Meeressäuger besiegelt. Noch im 19. Jahrhundert zählte die weltweite Population etwa hunderttausend Exemplare. Mit Beginn des kommerziellen Walfangs wurde der Bestand rasch dezimiert. Mitte der siebziger Jahre des vergangenen Jahrhunderts galten die Tiere als fast ausgestorben. Nur noch wenige Hundert Exemplare glitten damals durch die Weltmeere. 1984 schließlich, ein Jahr nach dem Ende der argentinischen Militärdiktatur, wurde der Glattwal zum Nationalmonument erklärt, 1999 ernannte die UNESCO die gesamte Valdés-Halbinsel zum Welterbe. Seitdem wächst der Bestand jährlich um fast sieben Prozent. Insgesamt zählt die Weltpopulation heute wieder achttausend Tiere. Etwa zweitausendsechshundert davon besuchen jedes Jahr die Gewässer um Valdés, an manchen Tagen sollen es bis zu vierhundert gleichzeitig sein.

Jetzt, da sich die Walmutter mit ihrem Kalb etwas entfernt hat und auf Tauchstation gegangen ist, fährt Orri seinen rechten Arm aus und zeichnet eine schlangenförmige Linie in die Luft. »Bis zu vierzigmal hintereinander sieht man Glattwale springen«, sagt der *capitán*. »Zwischen den Sprüngen tauchen die Tiere für etwa zwanzig Sekunden ab, bevor der Spaß von Neuem beginnt.« Manchmal schwebten ihre Köpfe dabei bis zu fünf Meter hoch in der Luft. Bis heute können Wissenschaftler nicht genau erklären, was die Tiere dazu bewegt, in derart riesigen Sätzen aus dem Wasser zu schießen, um gleich darauf kopfüber wieder einzutauchen. »Möglicherweise tun sie es, um zu kommunizieren, visuell oder akustisch«, sagt Orri. »Vielleicht ist es aber auch ein Zeichen von Dominanz gegenüber Artgenossen oder eine Form, sich Parasiten vom Leib zu halten.« Ein erstaunliches Verhalten ist es auf jeden Fall, vor allem, wenn man bedenkt, dass die Tiere bis zu achtzehn Meter lang und bis zu achtzig Tonnen schwer werden können. Und eine enorme Energieverschwendung. Doch zu essen gibt es im Südatlantik genug, denn die Gewässer vor der patagonischen Küste sind voller Nährstoffe. Rund zehntausend Tonnen Krill und Plankton nimmt ein Glattwal im Laufe seines Lebens zu sich. »Allein um eine Kaffeetasse zu füllen, müssen die Tiere zweihunderttausend dieser Mikroorganismen mit ihren Barten aus dem Wasser filtern«, sagt Orri.

All das erzählt der Kapitän der »Gudeñak«, als sich sein Boot in die Kurve legt, um Kurs auf Puerto Pirámides zu nehmen. Bis heute ist die Sechshundert-Seelen-Gemeinde die einzige größere Ansiedlung auf Valdés. Und sie ist Ausgangspunkt für Ausflüge in die Umgebung. Allerdings ist ein Ausflug manchmal gar nicht nötig, um Walen zu begegnen. »Während der Saison siehst du die Tiere oft einfach so beim Kaffeetrinken am Ufer vorbeischwimmen«, sagt der *capitán.* Nicht selten seien es gleich mehrere Dutzend auf einmal. Erst neulich habe er an einem Nachmittag achtunddreißig Wale von seiner Terrasse aus gezählt. Dem Geschäft mit den Bootsausflügen tut das keinen Abbruch. Auch wenn man die Tiere an klaren Tagen bereits vom Land aus beobachten kann, laufen die Ausfahrten gut, schließlich steht der argentinische Peso aufgrund der anhaltenden Wirtschaftskrise gerade für Besucher aus dem Ausland günstig. Mittlerweile kommen immer mehr Touristen aus dem fernen Europa und aus den Vereinigten Staaten nach Puerto Pirámides, um sich von der Natur begeistern zu lassen. Ein mehrstündiger Ausflug kostet weniger als zwanzig Euro. »Für viele unserer Kunden ist das nicht einmal ein Stundenlohn«, sagt Orri.

Und der Besuch lohnt sich, denn Valdés ist nicht nur ein Refugium für Glattwale. Rund um die Landzunge, deren Bauch sich wie ein praller Wassertropfen in den Atlantik stülpt, sieht man fast alle großen Tiere Südamerikas. Kaum hat man die Küstenstadt Puerto Madryn auf der Ruta Provincial número dos verlassen, hat den Kontrollposten am Istmo Carlos Ameghino, jener nur fünf Kilometer breiten Landenge am Eingang zur Halbinsel, passiert, kreuzen auch schon die ersten *guanacos*, eine von vier südamerikanischen Lama-Arten, die Straße. Flink wie Wiesel schießen *maras*, drollige Pampashasen, durch die Steppe. Hier stolziert ein *ñandú*, der südamerikanische Verwandte des Vogel Strauß, durch die Landschaft, dort hat ein Fuchs Beute gemacht: Zwischen den vom Wind zerzausten Büschen sucht er nach Mäusen und anderem Kleingetier. Auch an den Küsten von Valdés ist jede Menge los. Im Wasser vor den teilweise steil abfallenden Felsbuchten tummeln sich Meerestiere aller Art: Magellan-Pinguine, Seelöwen, See-Elefanten und verschiedene Arten von Delfinen. Erst vor einigen Jahren entdeckte Orri, der mit seinem Unternehmen Whales Argentina seit Jahren auch in der Forschung arbeitet, eine Spezies von Delfin, die bis dahin noch völlig unbekannt war. »Es gibt bislang noch nicht einmal einen Namen für diese Art. Wir nennen ihn einfach nur *delfin raro,* komischer Delfin.« Gemeinsam mit einem Freund gelang es Orri sogar, eines der Tiere zu filmen. »Möglicherweise«, sagt der *capitán,* »möglicherweise verdankt er sein seltsames Äußeres der Kreuzung zwischen zwei Delfinarten. Aber so genau wissen wir das noch nicht.«

Orri befasst sich seit Jahren mit der Fauna der Halbinsel und arbeitet in den unterschiedlichsten wissenschaftlichen Projekten: mit Delfinen, mit Seelöwen und See-Elefanten. Seine absoluten Lieblinge aber waren immer die Wale. So begleitet er mit seinen Booten regelmäßig Wissenschaftler des Instituto de Conservacíon de Ballenas (ICB) in Buenos Aires in den Golfo Nuevo, um Glattwale zu identifizieren. 2019 erhielt er den renommierten Premio Ballenas, den »Wal-Preis«, für seine Arbeit mit den Tieren. »Man identifiziert die Tiere heute ganz modern mit Kameras«, sagt der *capitán.* Jedes Tier habe ein unverwechselbares Äußeres, deswegen könne man es auch nach Jahren noch wiedererkennen. Ganz nebenbei untersucht Orri auch, welchen Einfluss Touristenboote auf die Tiere haben. Das Ergebnis bislang: Den Walen scheint die zunehmende Zahl an Besuchern nichts auszumachen. »Ganz im Gegenteil«, sagt Orri, »manchmal kommen sie sogar ganz nah an die Boote heran, streicheln sie von unten sanft mit dem Kopf und schwimmen dann weiter.« Hunderte Wissenschaftler hat der Kapitän in seinem Leben aufs Meer hinaus begleitet und dabei selbst viel über die Tiere gelernt. Er hat so viel erlebt, über die Jahre ein solches Wissen angesammelt, dass sie ihn in seinem Heimatdorf Puerto Pirámides ehrfurchtsvoll grüßen, wenn der Hundertzwanzig-Kilo-Mann die Straße überquert. Orri wurde vor einiger Zeit sogar als Schauspieler geadelt: In dem argentinischen Kinostreifen »La puta y la ballena« spielte er in einer Nebenrolle einen Mann namens La Foca, die Robbe.

Rund neunzig Prozent der Valdés-Halbinsel sind bis heute in privaten Händen: Riesige *estancias*, deren Besitzer ihr Geld mit Schafzucht verdienen, teilen sich das Terrain. Stunde um Stunde holpert man über die Insel, nur Schotter unter den Rädern. Kaum ein Hügel ist in Sicht, nur ganz selten passiert das Auto ein Haus oder eine Schaffarm. Die steilen Felsabbrüche bieten atemberaubende Ausblicke auf die riesigen Kolonien von Meerestieren. Für ihre Beobachtung braucht man meist nicht einmal ein Fernglas. Bei Caleta Valdés zum Beispiel, an der Ostseite der Insel, rotten sich Tausende von schnatternden Magellan-Pinguinen und See-Elefanten zusammen, an der Punta Norte Hunderte See-Elefanten und Seelöwen. »Valdés ist so etwas wie ein Freilufttierpark«, sagt Pinino Orri. »Wo du auch hinsiehst, begegnest du einem anderen Tier.«

Der Tourismus hat mittlerweile auch dazu beigetragen, dass auf der neunzig Kilometer langen und fünfzig Kilometer breiten Halbinsel eine bescheidene Infrastruktur entstanden ist. Einige *estancias* bieten ihren Gästen Übernachtungen an. In Caleta Valdés gibt es seit einigen Jahren ein großes Restaurant mit Selbstbedienung, Plastiktabletts und Kantinencharme. Im angeschlossenen Souvenirladen werden Stoffpinguine, aufblasbare Wale und Seelöwen angeboten. Auf der Theke stapeln sich Kalenderpostkarten, die zeigen, wann auf Valdés welche Tiere am besten zu beobachten sind: Südliche Glattwale zwischen Juni und Dezember, Orcas zwischen Februar und April sowie im Oktober und November, Magellan-Pinguine von September bis März, See-Elefanten von August bis März. Nur zu einer einzigen Jahreszeit sieht man beinahe alle Tiere auf einmal: während der touristischen Hochsaison im Oktober und November.

Egal zu welcher Jahreszeit man sich auf Valdés aufhält: Ein ständiger Begleiter ist der Wind. Er ist allgegenwärtig, treibt Fußgänger und Autos vor sich her und lässt einen die eigenen Worte im Mund verschlucken. Er lässt Bäume seitwärts wachsen und Vögel rückwärts fliegen. Manchmal bläst er sogar so stark, dass man sich an seinem Nebenmann festhalten muss, um nicht einfach davongetragen zu werden. Auch als wir den kleinen Weg zur See-Elefanten-Kolonie von Caleta Valdés hinunterspazieren, kennt der Wind keine Gnade: Er faucht in Orkanstärke. Die See-Elefanten, die es sich in der Bucht bequem gemacht haben, scheint das Geziehe und Gezerre wenig zu stören. Sie liegen dösend am Strand.

Bis auf wenige Meter kann man sich den See-Elefanten in Caleta Valdés annähern, getrennt durch nichts als ein paar Millimeter dicken Maschendraht. Das Grunzen der Tiere ist in den wenigen Momenten der Windstille kilometerweit zu hören. Selbst Orcas lassen sich dann vom Lärm anziehen. Auf der Suche nach Beute durchkämmen sie die patagonischen Küstengewässer, oft nur an ihren mächtigen Rückenflossen zu erkennen. »Manchmal«, sagt Orri, »kann man Orcas dabei beobachten, wie sie sich mit einer Welle an Land treiben lassen, dort nach Beute schnappen, um sich dann von der nächsten Welle wieder mit ins Wasser tragen lassen.« »Ja macht das denn gar nichts, wenn man dann als Fußgänger so einfach am Strand entlangspaziert?«, fragt eine beunruhigte Mitreisende. Wenn Orcas sich See-Elefantenbabys am Strand schnappen könnten, dann doch sicher auch Menschen? »Nein«, erwidert der *capitán*, das mache nichts. Menschen stünden nicht auf ihrem Speiseplan. Außerdem griffen Orcas nur bei Flut und Westwind an. »Irgendwer muss sie ja schließlich wieder zurück ins Wasser tragen.« Eine Regel der Natur, die auf Valdés beinahe so viel gilt wie ein geschriebenes Gesetz. Denn auf wen sollte man sich an diesem rauen Flecken Patagoniens besser verlassen können als auf Wasser und auf Wind?

Hundert Jahre Traurigkeit

Ein gutes Jahrhundert nach seiner Geburt erlebt der Tango in den Straßen von Buenos Aires eine Renaissance

Die Strahlen der Sonne rieseln wie Schnee in den Raum. Durch die Milchglasfenster fallen fahle Lichtkegel. Kellner in dunklen Anzügen huschen über die Marmorfliesen, in der Luft vermengen sich Zigarrenqualm und Essensdunst zu einer schweren Melange. Die Ventilatoren kämpfen gegen die stehende Hitze an. Das Bandoneon seufzt. Blicke durchschneiden das Zwielicht. Zwei Augenpaare treffen sich. Einen Moment lang halten sie inne, sehen sich an. Sie presst den Oberkörper an den seinen, er den seinen an ihren. Für Sekunden scheinen sich die Wangen zu berühren. Dann beginnt das wilde Stakkato der Schritte. Fast schwerelos schwebt das Paar über das Parkett. Das Bandoneon, die Lunge des *tango*, faucht, bläst und prustet jetzt. Der Rock der Tänzerin bläht sich zu einem breiten Fächer auf. Noch eine Pirouette. Noch eine. Und noch eine. Beide schmettern ein Kaleidoskop an Gefühlen in den Saal: Leidenschaft, Erotik, Melancholie, Schmerz und Wut. Und etwas ganz Profanes: Schweiß. Bis die Musik zum Stehen kommt und sich die zwei artig verneigen. Das Publikum honoriert es mit minutenlangem Applaus.

Avenida de Mayo 825. Das Herz von Buenos

Aires, Stadt des *tango*. Wenn das Bandoneon seine Klagen vorträgt, wenn es die zähe Kneipenluft entzweischneidet, wenn es die Tänzer in eine Art Trance versetzt, in einen ekstatischen Dauerzustand, der oft mehrere Minuten anhält, dann ist wieder T*ango*-Tag in einem der traditionsreichsten Kaffeehäuser von Buenos Aires. Die Zeit scheint in diesen Momenten stehen zu bleiben im Café Tortoni, einer der schönsten *Tango*-Kneipen der Stadt. An den holzvertäfelten Wänden hängen noch verblasste Bilder aus vergangenen Tagen. Die Kellner tragen dieselben dunklen Anzüge wie vor dreißig Jahren. Ihr graues Haar, fein mit Pomade nach hinten gestrichen, erzählt Geschichten von Hunderten solcher Abende, wenn im Tortoni kaum Luft zum Atmen war, auf der Bühne getanzt wurde und sich die Männer an den schweren Eichenholztischen eine Zigarre nach der anderen ansteckten, die Frauen vornehm an ihren Rotweingläsern nippten. Und wenn sich auch Besucher aus dem fernen Europa unter die Menge mischten, auf der Suche nach dem authentischen, dem ehrlichen, dem ursprünglichen *tango*, und nicht dem, den sie mittags auf der Calle Florida oder in der Calle Lavalle als musikalisches Fast Food geboten bekommen.

Keine Stadt der Welt ist so mit einem einzigen Musikstil verbunden wie Buenos Aires. Es war in den südlichen Vorstädten der argentinischen Hauptstadt, in denen der *tango* in der zweiten Hälfte des 19. Jahrhunderts geboren wurde. In den kleinen Hafenspelunken und Einwandererkaschemmen vermischten sich die musikalischen Einflüsse von Menschen ganz unterschiedlicher Couleur: die poetische *milonga* der *gauchos*, die rhythmische *candombe* ehemaliger afrikanischer Sklaven, die ausgelassene karibische *habanera* und der emotionsgeladene *flamenco* Andalusiens. Das Ergebnis war zunächst eine fröhliche Musik. Seine Melancholie erhielt der *tango* erst durch die wachsende Zahl italienischer Einwanderer, die Ende des 19. Jahrhunderts zu Tausenden nach Buenos Aires strömten. Aus Genua, Neapel und Palermo kamen sie an den Río de la Plata, um in der aufstrebenden Metropole ihr Glück zu suchen, voller Hoffnung auf eine goldene Zukunft.

Doch die Wirklichkeit sah meist anders aus. Das große Geld machten nur wenige, nämlich die alteingesessene Oberschicht, allen voran die reichen Rinderbarone. Ansonsten waren die Verdienstmöglichkeiten gering. Die Wirtschaft Argentiniens, bis dahin noch nicht industrialisiert, war vor allem auf Viehzucht ausgelegt. Arbeit gab es kaum, und so verdingten sich die Heerscharen von Einwanderern vor allem als Tagelöhner. Viele von ihnen rutschten später in die Kriminalität ab. Spielhöllen und Bars boomten, und auch die Bordelle hatten in dieser Zeit regen Zulauf: Auf sechs männliche Einwanderer kam gerade mal eine Frau. Zu Tausenden lebten die *inmigrantes* in schäbigen Baracken im Hafenviertel La Boca. In der Musik gaben sie ihrer Verlorenheit in der Neuen Welt Ausdruck.

In den frühen Jahren war der *tango* nur eine Musik der armen Bevölkerung, gesungen in der Sprache der einfachen Leute, dem *Lunfardo*. In seinen Texten ging es vor allem um Heimweh und um die kleinen Betrügereien des Alltags. Als er jedoch Anfang des 20. Jahrhunderts urplötzlich vom Río de la Plata in die schicken Tanzcafés von Paris, Rom und Mailand getragen wurde und die Welle von dort zurück nach Argentinien schwappte, erfasste der *tango* auch die argentinische Mittel- und Oberschicht. *Tango*-Sänger wie Carlos Gardel, der mit Liedern wie »El día que me quieras«, »Mi Buenos Aires querido« und »Volver« Herzen in der ganzen Welt verzauberte, machten die einst verachtete Musik nun auch in Argentinien salonfähig. Der Tanz hielt auch in den feinen Kaffeehäusern der gehobenen Gesellschaft Einzug.

Das Tortoni ist einer dieser altehrwürdigen Orte. Schon kurze Zeit, nachdem das Café 1858 vom Franzosen Jean Touan nach dem gleichnamigen Pariser Vorbild gegründet worden war, entwickelte es sich zum Treffpunkt von Intellektuellen, Künstlern und Schauspielern. Sie diskutierten über Theater, Literatur und später auch über *tango*. Berühmtheiten wie Carlos Gardel, Federico García Lorca, Artur Rubinstein, Jorge Luis Borges und zahlreiche andere Großen ihrer Zeit zählten zu den Gästen. Bis heute finden in den Räumen regelmäßig Ausstellungen, Lesungen und *Tango*-Shows statt. Die meisten davon sind exzellent besucht, nur schwer findet man hier ohne vorherige Reservierung einen Platz. Der *tango* hat sich aber nicht nur im Café Tortoni, sondern in ganz Buenos Aires zu einem erklecklichen Geschäft entwickelt. Nach schwierigen Jahren zu Zeiten der Militärdiktatur, als dem Gros der Argentinier kaum nach tanzen zumute war, dem *tango* zunächst der Rock 'n' Roll, später der Rock, dann der Pop die Show stahlen, feiert der Tanz seit einiger Zeit ein Comeback. Gerade in Zeiten der Wirtschaftskrise, in der sich Argentinien seit 2001 befindet, ist er für die Stadt zu einer unerlässlichen Einnahmequelle geworden. Immer mehr Touristen kommen wegen des *tangos* nach Buenos Aires. 2019 war die argentinische Hauptstadt mit rund drei Millionen Touristen zum wiederholten Mal die meistbesuchte Stadt Südamerikas. Mittlerweile gibt es *Tango*-Shows, *Tango*-Kurse, thematische Stadtrundfahrten, ein *Tango*-Museum und seit einiger Zeit sogar eine *Tango*-Universität, das Centro Educativo del Tango de Buenos Aires (CETBA). Auch Ausländer sieht man dort immer häufiger.

Für wen es nicht gleich ein Studium sein muss, der findet in Buenos Aires auch zahlreiche andere Möglichkeiten, um dem melancholischen Tanz nachzuspüren. Eines der heißesten Pflaster ist der Stadtteil San Telmo. In den kopfsteingepflasterten Gassen und an den kleinen Plätzen reiht sich ein Tanzlokal an das andere. Aus Geschäften schallt laute *Tango*-Musik, in den Auslagen der Läden finden sich neben englischen Möbeln, Jugendstilvasen und betagten Grammofonen auch alte Bilder von Carlos Gardel und anderen *Tango*-Heroen. Besonders schön gibt sich das Viertel am Wochenende, wenn auf der malerischen Plaza Dorrego der berühmte Antiquitätenmarkt stattfindet. Während sich die einen an den Ständen die Auslagen ansehen, sitzen die anderen an den Tischen unter den riesigen Bäumen und nippen an ihrem Café oder Bier. Auf der kleinen *plaza* geben währenddessen elegant gekleidete *Tango*-Paare ihre Tanzkünste zum Besten.

Auch ein bisschen weiter südlich, am öligen Hafenbecken von La Boca, weht noch der Wind der Vergangenheit. Die flachen, mit Wellblech gedeckten Häuser erinnern auch mehr als hundert Jahre danach an die Zeit der Einwanderer. Aus alten Schiffsteilen zimmerten sie einfache Behausungen, in denen Italiener, Kroaten, Basken, Galizier und auch einige Hundert Deutsche ihr armseliges Dasein fristeten. Mit bunten Schiffslacken strichen die Neuankömmlinge ihre Verschläge an, um sie etwas ansehnlicher zu machen. Rot, gelb, blau und grün leuchteten ihre Fassaden. Was damals Kosmetik war, ist heute eine Touristenattraktion. Caminito, wie die bunteste der Gassen heißt, ist mittlerweile ein oft übervolles Freiluftmuseum, in dem Künstler unterschiedlicher Herkunft Souvenirs, Aquarelle und Kunstwerke aller Art anbieten. Aus beinahe jedem Hauseingang weht der Wind alte *Tango*-Fetzen herüber. Auch in La Boca hat der Straßen-*Tango* Tradition. Wer bei der obligatorischen Runde mit dem Hut allerdings nicht wenigstens ein paar Pesos spendet, der wird hier als Tourist auch gerne mal lauthals weitergeschickt.

Doch der *tango* ist nicht nur Kommerz am Río de la Plata. Gerade in den vergangenen Jahren hat sich neben der klassischen und oft auf Touristen ausgerichteten *Tango*-Szene auch eine junge, alternative Bewegung entwickelt. So gibt es seit einiger Zeit die ersten Tanzlokale für Homosexuelle, und in Clubs wie dem Porteño y Bailarín sieht man Trainingsanzug und Turnschuhe neben kleinem Schwarzem und Nadelstreifenanzug auf dem Parkett. Ein magischer Ort für *Tango*-Freunde war lange Zeit auch die Confitería Ideal nur ein paar Querstraßen vom berühmten Café Tortoni entfernt. Von außen ist das Gebäude kaum als Kaffeehaus zu erkennen. Drinnen beherbergt es bis heute einen der schönsten Ballsäle weit und breit. Rund tausend Quadratmeter misst das Kleinod, das eingerahmt ist von mächtigen Deckengewölben, Marmorsäulen, schweren Stuckverzierungen und einer riesigen Kuppel. Von den alten Mauern bröckelte lange Zeit der Putz, die Einrichtung hatte Patina angelegt. Kaum vorstellbar, dass hier Szenen aus Alan Parkers Evita-Film gedreht wurden. Doch gerade die offensichtliche Vernachlässigung des Interieurs machte den Charme dieses Ortes aus. Seit einigen Jahren ist das wunderschöne Café geschlossen. Eine Gastronomiekette hat es 2016 erworben. Aber derzeit wird es renoviert. Noch im Laufe des Jahres 2020 soll es wieder eröffnet werden. Ob hier auch wieder getanzt werden wird wie in alten Zeiten, steht noch nicht fest.

Der *tango* ist ein Wechselbad der Gefühle. Wohl keine Formulierung beschreibt das emotionale Auf und Ab des Tanzes so gut wie Enrique Santos Discépolos Satz: »Der *tango* ist ein trauriger Gedanke, den man tanzen kann.« Dreißig der bedeutendsten Stücke des *Tango Argentino* stammen aus seiner Feder. Viele Künstler haben seit der Frühzeit des *tango*, seit den Tagen Discépolos, versucht, dem Tanz ein neues Gesicht zu geben. Einigen ist es gelungen, darunter Aníbal Troilo, Astor Piazzolla und jüngst Rodolfo Mederos. Sie haben den *tango* der Neuzeit entscheidend mitgeprägt, ihn mit Jazz, Klassik und Rock gepaart, mit Keyboards und elektrischer Gitarre. Doch die Beschwerden des Bandoneons, seine traurigen Klagen, wenn es die Luft der *Tango*-Lokale von Buenos Aires mit Melancholie und Wehmut schwängert, wenn es alle Leidenschaft, alle Wut und allen Schmerz in seine Lungen saugt und sie dann urplötzlich herausprustet, sind bis heute dieselben geblieben.

Argentiniens Arche

In den siebziger Jahren waren die Sümpfe der Esteros del Iberá durch illegale Jagd fast leer geschossen. Jetzt werden zahlreiche einst verschwundene Arten wieder angesiedelt – inklusive Südamerikas größter Raubkatze

Gerade hat sich Magalí Longo eine Kalebasse mit Mate-Tee eingeschenkt, da kommt ein Funkspruch. »Sie sind da«, plärrt jemand am anderen Ende. Longo und ihre drei Mitarbeiter lassen alles stehen und liegen und laufen von ihrem Pick-up zum großen Gehege, dem *jaulón*. Dann ziehen sie an der Kette. Die Guillotine, wie sie sie nennen, hebt sich. Das Wasserschwein stiebt aus der Box, die Guillotine fällt. Dreißig Sekunden später ist in der Ferne ein Quieken zu hören. Dann herrscht Stille. Totenstille.

Im Kontrollraum vier Kilometer weiter, in dem die Wissenschaftler mithilfe von achtzehn Kameras jeden Winkel der Gehege ausleuchten: Applaus. »Frühstück«, sagt einer in der Runde. Zwei Tage lang haben Longo und ihre Mitarbeiter auf diesen Moment gewartet. Auf den Moment, in dem Aramí und Mbareté, zwei eineinhalbjährige Jaguare, weit weg sind von der Guillotine. Von dem Ort, über den sie mit lebenden Wasserschweinen versorgt werden, um selbständig jagen zu lernen. »Möglichst kein Kontakt mit Menschen, niemals beim Essen«, sagt Longo.

Es ist paradox: Die Wissenschaftler sind den

jungen Raubkatzen jeden Tag ganz nah. Manchmal sind sie nur wenige Meter von ihnen entfernt, geschützt nur durch ein Sichtschutzgitter. Aber sie sind doch meilenweit entfernt. Denn auf keinen Fall sollen die Tiere Nahrung mit dem Menschen in Verbindung bringen. Longo und ihre Mitarbeiter lassen die lebendigen Beutetiere deshalb an unterschiedlichen Tagen und zu unterschiedlichen Uhrzeiten ins Gehege, um keinen Verdacht zu erwecken.

Magalí Longo ist Mitarbeiterin eines der umfangreichsten Wiederansiedelungsprojekte, die wohl je auf diesem Planeten stattgefunden haben. Jaguar, Pampashirsch, Sumpfhirsch, Tapir, Großer Ameisenbär, Halsbandpekari, Weißbartpekari, Grünflügelara: Eigentlich alle in den Esteros del Iberá einst heimischen und vom Menschen ausgerotteten Arten sollen in dem dreizehntausend Quadratkilometer großen Sumpfgebiet im Nordosten Argentiniens wieder angesiedelt werden.

Dieses Universum aus Wasser, Schilf und Morast, das mehr als fünfmal so groß ist wie Luxemburg, ist nach dem Pantanal in Brasilien das zweitgrößte zusammenhängende Feuchtgebiet der Welt und ein unberührter Flecken Erde. Doch das war nicht immer so. In den siebziger Jahren machten illegale Jagd und Lebensraumzerstörung durch Viehzucht und Reisanbau dem natürlichen Gleichgewicht der Sümpfe zu schaffen. Tagsüber machten Wilderer Jagd auf Wasserschweine, Kaimane und Hirsche. Im Schutz der Nacht schafften sie die erlegten Tiere mit Lastern fort, um ihre Häute nach Brasilien, Uruguay und Paraguay zu verkaufen.

Anfang der achtziger Jahre lenkte die argentinische Regierung ein. 1983 wurden große Teile der Sümpfe zum Provinzpark erklärt. Jagen ist dort seitdem untersagt. Doch das alleine hätte das Leben nicht zurückgebracht. Erst der millionenschwere Einsatz der US-amerikanischen Eheleute Douglas und Kris Tompkins ließ das Pendel zugunsten der Natur zurückschwingen. Er war mit den Modemarken The North Face und Esprit reich geworden, sie als Ex-Chefin der Bekleidungsmarke Patagonia.

Anfang der neunziger Jahre erwarben beide riesige Ländereien im Süden Argentiniens und Chiles. Viele der Böden waren durch Rodung, extensive Viehwirtschaft und großflächige Monokulturen völlig ausgelaugt. Die Vision der beiden: die Natur einfach Natur sein lassen. Dann würden die Tiere zurückkommen, und davon würde auch der Mensch profitieren. Mit mehr als vierzehntausend Quadratkilometern gehörten die Tompkins zu den größten privaten Grundbesitzern der Erde.

1997 kauften die Eheleute auch die ehemalige Rinderfarm San Alonso auf der gleichnamigen Insel im Herzen der Sümpfe. Es folgten Ländereien von mehr als tausendfünfhundert Quadratkilometern. Schnell machten Verschwörungstheorien die Runde. Viele Einheimische befürchteten, hinter den US-amerikanischen Multimillionären und ihrer Stiftung The Conservation Land Trust (CLT) stünde die CIA. Unter dem Deckmantel des Naturschutzes wollten sich die USA die Süßwasserreserven der Sümpfe sichern oder gar Atommüll lagern. Die *gringos*, wie sie sie nannten, wollten ihnen im wahrsten Wortsinn das Wasser abgraben.

Doch sie täuschten sich: Als Douglas Tompkins 2015 in Chile bei einem Kajakunfall ums Leben kam, vermachte seine Frau die riesigen Landstriche in den Sümpfen dem argentinischen Staat. Unter einer Bedingung: Das Gebiet solle auf neunundneunzig Jahre Nationalpark werden. Am 5. Dezember 2018 gab der Kongress in Buenos Aires sein Plazet. Am 20. Dezember 2018 unterschrieb der damalige Präsident Mauricio Macri das Gesetz. Seitdem stehen tausendfünfhundertsiebzig Quadratkilometer offiziell als Nationalpark unter Schutz sowie zweihundertdreißig Quadratkilometer als Nationalreservat, ein Großteil davon von Tompkins' Land. Das Land gehört dem Staat, die Auswilderungsprojekte werden weiter von Tompkins' Stiftung CLT betreut.

Magalí Longo tänzelt jetzt fast zurück zum Pickup. Ihre drei Mitarbeiter wuchten die leere Holzkiste, in der eben noch das Wasserschwein war, auf die Ladefläche. Die drei strahlen. »Es ist eine Premiere«, sagt Longo. »Nie zuvor hat jemand versucht, Jaguare, die in Gefangenschaft geboren wurden, in der Natur anzusiedeln.« Longo muss es wissen. Seit 2016 arbeitet sie für den CLT, seit Mitte 2019 ist sie Koordinatorin der Wiedereinführungsprojekte auf der Insel San Alonso. »Iberá ist eine einmalige Gelegenheit, diese wunderschönen Katzen wieder anzusiedeln.«

Der Jaguar ist die größte Raubkatze Südamerikas und vielerorts vom Aussterben bedroht. Derzeit leben nur noch etwa zweihundert Tiere in Argentinien, die meisten davon einige Hundert Kilometer weiter nordöstlich in der Provinz Misiones an der Grenze zu Brasilien und Paraguay. Zwar sei der Jaguar von einigen Viehzüchtern in der Provinz Corrientes, in der die Sümpfe liegen, noch immer nicht gerne gesehen, sagt Longo. Seine kraftvolle Präsenz sei jedoch immer noch in Ortsnamen, Volksliedern und Legenden zu finden. Es kehre ein Nationalemblem zurück. »Viele Menschen hier wünschen sich den Jaguar als Symbol zurück.«

Um das zu erreichen, hat der CLT auf San Alonso sieben Gehege für die Raubkatzen eingerichtet: vier achteckige mit jeweils tausendzweihundert Quadratmetern, zwei mit fünfzehntausend Quadratmetern und eines mit dreihunderttausend Quadratmetern, in dem die Jungtiere auf ihre Freilassung vorbereitet werden. Naturschützer wie Longo denken aber noch an etwas ganz anderes, wenn es um die Wiederansiedelung des Jaguars geht, denn viele Arten wie Wasserschweine und Kaimane haben sich seit der Schaffung des Provinzparks 1983 so stark vermehrt, dass sie zur Plage geworden sind. »Wir brauchen die Katzen zur Kontrolle«, sagt Longo, »um den Ausbruch von Epidemien zu verhindern.«

Doch das, was auf der Insel San Alonso passiert, ist nur ein kleiner Teil eines großen Ganzen. Es sind zahlreiche Projekte, zahlreiche Orte, an denen Naturschützer und Biologen versuchen, die Natur wiederherzustellen. Es sind Menschen wie Augusto Distel, der sich um die Auswilderungsprojekte auf der Estancia El Socorro, ebenfalls eines von Tompkins' Anwesen im Süden der Sümpfe, kümmert, oder Héctor Ortíz, der in San Nicolás, einem Ort im Westen der Sümpfe Große Ameisenbären auswildert. Eine Erfolgsgeschichte: 2007, als das Ameisenbärenprojekt startete, gab es in den Sümpfen nicht ein einziges Tier. Heute sind es in San Nicolás bald ein halbes Dutzend, auf der Insel San Alonso sogar etwa sechzig.

Und es sind Menschen wie der einunddreißigjährige Alejandro Benítez, der sich in Cambyretá im Norden der Sümpfe seit drei Jahren erfolgreich um die Wiederansiedelung von Grünflügelaras kümmert. Die Vögel waren in Argentinien bereits ausgestorben, weil sie wegen ihrer farbenprächtigen Federn gejagt wurden. Seit Beginn des Wiederansiedelungsprogramms im Jahr 2015 wurden achtundzwanzig Aras freigelassen. Acht davon beobachten die Wissenschaftler noch heute regelmäßig.

Die Wiedereinführung der Aras ist eines der komplexesten Projekte des CLT, denn die Tiere stammen aus Gefangenschaft. Viele sind zuvor noch nie frei geflogen, sie waren an Fütterungen gewöhnt. »Wir mussten sie hart trainieren, bevor wir sie freilassen konnten«, sagt Benítez. Um den Tieren ausreichend Nahrung zu bieten, haben er und seine Mitarbeiter hundert Pindó-Palmen gepflanzt. Aras lieben ihre Früchte. Um die Aufzucht der ersten Jungen zu erleichtern, hat Benítez auch Brutkästen in den von den Aras frequentierten Bäumen platziert. »Die Geburt der ersten Jungtiere in freier Wildbahn wird ein Meilenstein für uns sein«, sagt der Naturschützer.

Man hat das Gefühl, bei etwas Einzigartigem dabei zu sein, denn ständig kommen neue Arten hinzu. »Die Projektideen gehen uns nicht aus«, sagt Augusto Distel, Koordinator der Wiederansiedelungsprojekte auf El Socorro. Mähnenwolf, Ozelot,

Riesenotter, Hokkohuhn: alles Kandidaten. Distel hat auch drei Rotfußseriemas in einem Käfig, als wir ihn besuchen. »Mit ihnen versuchen wir, eine neue Population dieser vorwiegend am Boden lebenden Vögel aufzubauen.«

Um die Komplexität des Projekts zu verstehen, muss man vor Ort sein. Wir sitzen auf der Ladefläche des Pick-ups mit Magalí Longo und trinken Mate-Tee aus belederten Kalebassen. »Das, was wir hier machen, ist nicht im Handumdrehen geschehen«, sagt Longo. Allein der Bau der sieben Jaguargehege auf San Alonso habe drei Jahre gedauert. Alles fing 2015 mit der ersten Jaguarin Tobuna an. Heute befinden sich ständig zwischen vier und acht Raubkatzen in der Aufzuchtstation. Longos große Herausforderung: »Es gibt noch keine Erfahrungen mit der Wiedereinführung von in Gefangenschaft geborenen Jaguaren. Wir lernen jeden Tag dazu.«

San Alonso ist einer der abgelegensten Orte im Park. Man muss sich das Camp so vorstellen: eine Insel inmitten der Sümpfe, etwa eineinhalb Auto- und zwei Bootsstunden von der nächsten Ortschaft entfernt. Darauf die Jaguargehege und vier Kilometer davon entfernt die CLT-Station mit dem Kameraraum, einem kleinen Labor, den Unterkünften für die Mitarbeiter und einem Gästehaus für eine Handvoll Besucher. Es gibt fließend Wasser, Strom vom Generator, und wenn der abends rattert, auch mal WLAN für eine Stunde oder zwei. Tagsüber gehen die Mitarbeiter ihrer Forschung nach. Am Abend sitzen sie oft zusammen. Auf dem Grill liegen dann *chorizos*, Würste, und riesige Stücke *asado*, Grillfleisch. Dazu perlt Rotwein in die Gläser.

In diesen Momenten reden die Wissenschaftler über alles. Eine so charismatische Art wie den Jaguar wiederanzusiedeln, birgt viele Herausforderungen, inklusive der Frage, wie Rinderzüchter und Jaguare zusammen überleben können. Auch darüber wird diskutiert. Klar ist: Die ersten Einheimischen profitieren vom wachsenden Tourismus. Einige sagen dennoch: Seid ihr verrückt, so ein Tier hier wieder anzusiedeln. Erst kürzlich haben sie in Colonia Carlos Pellegrini, dem wohl touristischsten Ort in den Sümpfen, Dutzende Kilometer Wanderwege angelegt und einen achthundert Meter langen Laufsteg aus Holz direkt an der Lagune gebaut. Das alles wäre im wahrsten Wortsinn für die Katz.

Hier werde nicht ein Samen, sondern gleich ein ganzer Baum gepflanzt, monieren Kritiker. »Touristen wollen den Jaguar sehen, das ist keine Frage«, sagt Roque Boccalandro, seit fünfundzwanzig Jahren Parkwächter im 1983 gegründeten Provinzpark. Kommt der Jaguar, werde auch der Tourismus wachsen, da sind sich alle einig. »Aber wenn die Menschen nicht mehr sicher auf den Wegen sind, ihre Rinder nicht mehr sicher auf den Weiden, dann wird sich ihre Einstellung schnell ändern.« Zu Zeiten von Boccalandros Großeltern gab es in den Sümpfen noch Jaguare. Der letzte wurde in den fünfziger Jahren erschossen. »Aus gutem Grund«, sagt der Naturschützer. »Es ist schwierig, mit so einem Tier zu leben.«

Um genau dem vorzubeugen, haben die CLT-Mitarbeiter allen ihren Jaguaren Chips eingepflanzt. »Kommt ein Tier den menschlichen Ansiedlungen zu nahe, können wir es aufspüren, betäuben und mit dem Helikopter ausfliegen«, sagt Longo. Das überzeugt nicht alle. Doch der CLT hat bemerkenswerte Erfolge vorzuweisen. Allein in Argentinien entstanden aus Tompkins' Ländereien in den vergangenen Jahren fünf neue Nationalparks und ein neuer Provinzpark. Ein Nationalpark wurde erheblich erweitert. Bei der Schaffung der beiden Meeresnationalparks vor der Küste Feuerlands halfen die Tompkins entscheidend mit. In Chile wurden gar sieben neue Nationalparks und ein neues Schutzgebiet geschaffen.

Es wird Abend auf San Alonso. Myriaden von Mücken schwirren durch die Luft. Langsam weichen die Farben der Natur. Grillen zirpen, Frösche quaken, sanft wippt das Wasser im Wellentakt. »In den vergangenen Jahren hat sich die Einstellung gegenüber der Katze stark verändert«, sagt Longo, als ich mit ihr nach einem langen Arbeitstag im Kontrollraum sitze. Der Jaguar, der lange Zeit als Problemtier galt, werde zunehmend als Chance für die lokale Entwicklung angesehen. »Immer mehr Gemeinden hier profitieren vom Tourismus. Und was Geld bringt, das hat auch Zukunft.«

Anfang 2020 wurden die ersten beiden Raubkatzen in das amphibische Eden entlassen: Aramí und Mbareté, die beiden ersten Jaguare, die auf San Alonso geboren wurden. Bald sollen Juruna und Mariua, zwei dreijährige Waisen aus Brasilien, folgen, schließlich der dreijährige Jotobazinho. In einen Landstrich, den seit siebzig Jahren kein Jaguar mehr betreten hat. »Diese Gruppe wird den Grundstein der neuen Population bilden«, sagt Longo.

Die Naturschützerin ist optimistisch, dass sich der große Aufwand und die riesigen Ressourcen, die investiert werden, auszahlen. Und Iberá soll nur die Initialzündung sein, um den Jaguar im ganzen Land wieder anzusiedeln. »Es macht ja keinen Sinn, nur eine isolierte Population aufzubauen.« Longos Credo: »Indem wir Arten wieder ansiedeln, stellen wir das Ökosystem wieder her – und hinterlassen künftigen Generationen einen gesünderen Planeten.« Es scheint zu funktionieren: Mit Geld und Geduld lässt sich eine von vielen bereits verloren geglaubte Wildnis reanimieren. Iberá ist der beste Beweis dafür. Es ist eine der ermutigendsten Geschichten des Naturschutzes. Weit über die Grenzen Argentiniens hinaus.

Habemus Diegum

Vor fast zwanzig Jahren gründeten Fans in Rosario die Iglesia Maradoniana – die erste Kirche mit einem Fußballer als Heiligen. Eine Ode an den Fanatismus

Die Priester tragen weiße Kutten. Mit gesenkten Häuptern betreten sie den Raum. Es ist stockfinster. Einige von ihnen halten Kerzen in der Hand, andere lodernde Fackeln. Einer hat ein blaues Buch unter dem Arm, ein anderer einen Fußball mit Drahtkrone. Noch ist es ruhig im Saal. Die Gläubigen erheben sich. Dann betritt der Priester mit dem Allerheiligsten den Raum: ein Holzkästchen mit Glasfenstern. An seiner Rückwand hängt die argentinische Flagge, darauf steht die Zahl zehn. In der Mitte thront ein kleiner Altar mit einer Plastikfigur: Diego Armando Maradona. Es sind nur noch wenige Sekunden bis Mitternacht. Die Priester heben die Arme, ihre Stimmen schwellen an. Aus vollem Hals zählen sie von eins bis zehn. Als um Punkt zwölf die Glocken vom Band ertönen, bricht Jubel aus. Der Saal steht Kopf, Menschen fallen einander in die Arme, Sektgläser klirren. Nur wenige Augenblicke später tanzt die Meute gröhlend auf den Tischen. »Oleee, oleee, Diegooo, Diegooo«, schallt es aus den Kehlen.

Mehr als einhundertzwanzig Jünger der Iglesia Maradoniana, der maradonianischen Kirche, haben sich an diesem Abend in der Diskothek Leloir in Ituzaingó, einem Vorort von Buenos Aires, versammelt. Seit Stunden haben sie auf diesen Moment hingefiebert, den Augenblick, an dem die Nacht des 29. Oktober auf den 30. Oktober umschlägt. Gemeinsam feiern sie den Geburtstag ihres Idols. Der Saal ist weihnachtlich geschmückt. Auf der Bühne stehen zwei Tannenbäume, an ihnen hängen vierunddreißig Glaskugeln mit Fotos des Heilands. In der Menge steht an diesem Abend im Jahr 2007 ein junger Mann mit einem Spruchband: *»Dios pecó por nosotros«*, Gott hat für uns gesündigt. Irgendwann trägt einer der Priester einige Verse aus der Bibel der maradonianischen Kirche vor, Maradonas Autobiografie »Yo soy el Diego«. Dann beten alle gemeinsam: »Diego unser auf Erden, geheiligt werde dein Schuss, zeige uns deine Magie, auf dass deine Tore ewig in Erinnerung bleiben, wie auf Erden so im Himmel, und mache uns heute eine Freude, vergib allen Journalisten, auch wir vergeben ihnen, so wie der neapolitanischen Mafia, und führe uns nicht in Versuchung, den Ball zu beflecken, sondern erlöse uns von João Havelange.«

Seit mittlerweile fast zwanzig Jahren beten die Jünger Maradonas mittlerweile zu ihrem Gott. Eigentlich fing alles ganz harmlos an. Durch Zufall trafen sich der Sportreporter Hernán Amez und sein Freund und Kollege Héctor Campomar an einem lauen Abend im Oktober 1998 in einer kleinen Seitenstraße von Rosario, einer 1,2 Millionen-Einwohner-Stadt rund dreihundert Kilometer nordwestlich von Buenos Aires. »Hey, Hernán wie geht's?«, fragte Campomar. »Prima, frohe Weihnachten«, antwortete Amez. »Frohe was?«, fragte Campomar. »Na, frohe Weihnachten, denk ein bisschen nach.« »Ah, du hast recht, heute hat Diego Geburtstag. Frohe Weihnachten!« Es folgte eine innige Umarmung. Wenig später saßen die beiden mit ihrem gemeinsamen Freund Alejandro Verón bei einem Bier zusammen und stießen auf das Wohl ihres Vorbilds an. In drei aufeinanderfolgenden Jahren feierten Amez, Campomar und Verón den Geburtstag ihres Idols mit einer immer größer werdenden Schar von Freunden, bis sie im Oktober 2001 beschlossen, die Iglesia Maradoniana zu gründen. Seitdem begehen jedes Jahr Ende Oktober mehrere Hundert Verrückte ausgelassen die maradonianischen Weihnachten. Auf dreihunderttausend Anhänger aus fast neunzig Ländern ist die Maradona-Kirche seit ihrer Gründung angewachsen, darunter Gläubige aus ganz Südamerika, aus den USA, aus Europa, Afrika, Asien und Australien. Selbst vor den ausgefallensten Ländern macht der Fanatismus keinen Halt: »Es gibt sogar Maradonianer in Island, Vietnam, Sambia und Togo«, sagt Amez. »Selbst Berühmtheiten wie Ronaldinho und Michael Owen haben sich zu unserem Gott bekannt.«

Sinn und Zweck der Kirche ist es laut ihren Statuten, die Leidenschaft und Magie des »größten Fußballers aller Zeiten« nicht in Vergessenheit geraten zu lassen. So haben Amez, Campomar und Verón nicht nur das Diegounser formuliert, sondern auch die zehn maradonianischen Gebote und ein maradonianisches Glaubensbekenntnis. Gott wird darin nicht wie spanisch *dios* geschrieben, sondern D10S, in Anlehnung an seine Rückennummer zehn. Auch sonst hat die Kirche einige Eigenheiten entwickelt: Die Zahl von vierunddreißig Weihnachtskugeln symbolisiert die Zahl der Tore, die Maradona in seiner Karriere für die *selección*, die argentinische Nationalmannschaft, erzielt hat. Ostern wird erst am 22. Juni gefeiert, dem Tag, an dem Maradona bei der Fußballweltmeisterschaft in Mexiko 1986 mit zwei Toren die Engländer vom Platz schoss. Ärger mit der echten Kirche wollen Amez und seine Freunde allerdings nicht provozieren. »Wir sind fast alle katholisch. Es gibt einen Gott des Verstandes, der ist Jesus Christus, und einen Gott des Herzens, der heißt Diego.«

Bis auf den letzten Platz ist der Saal an diesem Abend gefüllt. Die Wände sind mit Postern tapeziert, über die Bildschirme laufen Maradonas Tore in Endlosschleife. Viele der Anwesenden tragen Trikots mit dem Aufdruck ihrer Nummer zehn, einige auch die offizielle Oberbekleidung der Kirche: ein hellblaues T-Shirt mit der Aufschrift »*Yo vi dios*«, ich habe Gott gesehen. Doch heute gibt es auch aus anderem Grund Anlass zu feiern. Amez, Campomar und Verón stellen das offizielle Buch der Iglesia Maradoniana mit der kompletten Gründungsgeschichte der Kirche vor. Der schlichte Titel: »Iglesia Maradoniana – la mano de dios«. Quasi nebenbei stehen auch zwei Hochzeiten auf dem Programm. Aus Mexiko sind zwei junge Paare angereist, um sich vor Maradona trauen zu lassen. »Es gibt drei Arten von Hochzeit: standesamtlich, kirchlich und maradonianisch«, sagt Amez. »Letztere ist die Bestätigung der beiden ersten und zugleich die schönste.« Vor den Augen der Anwesenden schwören die vier in einer feierlichen Zeremonie ihre Liebe zu Diego, zum Fußball und zu einander. Die Brautküsse gehen im Jubel der Maradona-Jünger unter.

Die Iglesia Maradoniana ist der absurde Höhepunkt eines fußballverrückten Landes, dessen Galionsfiguren Diego Maradona und Lionel Messi sind. Sie sind sich so ähnlich und doch so unterschiedlich. Hier ist Diego, die Hand Gottes, dem 1986 der Finalsieg bei der WM gelang. Und da ist Lionel Messi, der mit dem FC Barcelona alles gewann, mit der *selección* dagegen nicht einen Blumentopf. Gegen die Null-zu-eins-Niederlage im Finale bei der WM 2014 in Brasilien gegen Deutschland konnte auch er nichts ausrichten. Und so warten fünfundvierzig Millionen Argentinier weiter darauf, dass einer der Ihren das erste Mal seit 1986 die Nummer eins der Welt wird. Und verehren weiter Maradona.

Fanatismus im Sport hat in Argentinien eine lange Tradition. Der Fußball kam am Ende des 19. Jahrhunderts durch englische Einwanderer an den Río de la Plata. Die Namen von Vereinen wie River Plate, Boca Juniors und Newell's Old Boys erinnern noch heute an diese Zeit. Seit 1931 die erste Profiliga gegründet wurde, gehört der Fußball zu Argentinien wie der Rotwein zum Fleisch. Fan wird man am Río de la Plata nicht, man erbt das Fan-Dasein von seinem Vater, vom Großvater oder vom Urgroßvater. Noch in der Wiege lernen Kinder die Farbenlehre der Vereine kennen, wenig später bekommen sie den ersten Ball und das erste Leibchen in den Vereinsfarben. Rivalisierende Teams gibt es in Argentinien zuhauf, doch eigentlich reduziert sich am Ende alles auf zwei: Boca Juniors, der Arbeiterverein mit italienischen Wurzeln, dessen Gegner seine Fans nur abfällig *bosteros*, Sammler von Pferdeäpfeln, nennen, und River Plate, der Mittelklasseverein aus dem Stadtteil Núñez, dessen Anhänger von der Gegenseite verächtlich als *gallinas*, Hühnchen, beschimpft werden.

Wenn die beiden ewigen Rivalen im *superclásico* aufeinandertreffen, dann herrscht in Buenos Aires Ausnahmezustand. Die Straßen sind wie leer gefegt, Busse stehen still, die Kellner in den Bars hängen mit gespannten Blicken vor den Fernsehern. Bereits Stunden vor dem Spiel schottet die Polizei die Fanscharen voneinander ab, denn Gewalt steht bei diesen Duellen auf der Tagesordnung. Wenn das Spiel beginnt, bebt das Stadion. Die Tribünen stehen in Flammen, der Himmel ist im Rauch der bengalischen Feuer kaum noch zu erkennen, der Rasen mit Luftschlangen übersät. Von den zweihundertneunundvierzig offiziellen Partien konnte Boca achtundachtzig für sich entscheiden, River dreiundachtzig. Achtundsiebzig endeten unentschieden.

Mit dem Fußball verhält es sich in Argentinien wie mit der Politik, denn der Fußball ist das Spiegelbild eines gespaltenen Landes. Der endlose Wettstreit zwischen Peronisten und Wirtschaftsliberalen gleicht in seiner Karrikaturhaftigkeit dem ewig währenden Dualismus zwischen den Erzrivalen Boca und River. Die Welt rieb sich verblüfft die Augen, wie es am Río de la Plata im Jahr 2018 erfolgreich misslang, das Finale der Copa Libertadores, der südamerikanischen Champions League, auszutragen. Das Hinspiel im *superclásico* war erst wegen eines Unwetters ausgefallen, das Nachholspiel endete zwei zu zwei. Das Rückspiel wurde zweimal abgesagt, weil River-Hooligans den Boca-Bus mit Steinen beworfen hatten. Das drei Wochen später stattgefundene Rückspiel wurde in Madrid ausgetragen. River gewann drei zu eins. Die Lachnummer brachte beiden Clubs den Titel des »längsten Finales der Welt« ein. Es dauerte achtundzwanzig Tage.

Und auch die Politik spielt in den Fußball hinein. Seit Jahren spielt sich am Rió de la Plata ein aberwitziger Streit um TV-Rechte ab. Unter der peronistischen Präsidentin Cristina Fernández de Kirchner hatte der argentinische Staat die Fernsehvermarktung der Primera División übernommen und in einem populistischen Programm namens *Fútbol para todos,* zu Deutsch »Fußball für alle«, die kostenlose Ausstrahlung der Spiele garantiert. Ihr liberal-konservativer Nachfolger Mauricio Macri kündigte den Vertrag ganz im Sinne der beiden großen Clubs, die sich von einer Re-Privatisierung der Übertragungsrechte höhere Gewinne versprachen. 2017 stand die ganze Liga einige Wochen lang still, weil sich Regierung, Vereine und Spieler, ihrerseits wochenlang ohne Gehälter, nicht einigen konnten. Bleibt abzuwarten, wie sich die Situation unter der peronistischen Fernández / Fernández de Kirchner-Regierung entwickelt, die seit Ende 2019 im Amt ist.

In Ituzaingó ist die Stimmung mittlerweile auf dem Höhepunkt. Jemand hat die Maradona-Hymne »La mano de dios« des verstorbenen Sängers Rodrigo aufgelegt, Alkohol fließt, tanzend stehen die Leute auf den Tischen. Als Maradonas zwei Tore im Viertelfinalspiel gegen England bei der Fußballweltmeisterschaft 1986 in Mexiko über den Bildschirm flimmern, tobt der Saal. Unvergessen ist bis heute der erste Treffer, bei dem Maradona den Ball mit der Faust über Englands Torwart Peter Shilton ins Netz stieß. »Es war die Hand Gottes«, sagte er nach dem Spiel. Für noch großartiger halten viele aber das Zwei-zu-Null, bei dem Maradona sich den Ball in der eigenen Hälfte schnappte, die gesamte gegnerische Mannschaft ausspielte und ihn aus wenigen Metern sicher im Netz versenkte. Das Spiel endete zwei zu eins. Noch heute redet man in Argentinien vom Tor der sechs Gegner, elf Ballkontakte und siebenunddreißig Schritte. Der Weltfußballverband FIFA adelte den Treffer 2002 sogar mit dem Titel »WM-Tor des Jahrhunderts«. Der Erfolg gegen England war nicht nur ein sportlicher Sieg, sondern auch ein politischer. Vier Jahre zuvor hatte das Vereinigte Königreich den Falklandkrieg für sich entschieden. Der argentinische Triumph auf dem Fußballplatz war so etwas wie eine späte Revanche, Maradona ihr Wegbereiter.

Der kleine Fußballer aus dem Vorort Villa Fiorito, der es vom Straßenkicker zu einem der ganz Großen geschafft hat, wird in seinem Heimatland nicht nur wegen seiner zahllosen Tore verehrt. Es ist die von Fehlern behaftete Karriere, die ihn bei seinen Anhängern so beliebt macht: Kaum ein Fußballer erlebte so viele Höhen und Tiefen wie er. Die ersten Schritte auf dem Fußballplatz machte Maradona Mitte der siebziger Jahre als kleiner Junge bei den Argentinos Juniors. Von dort wechselte der *pibe de oro*, der Goldjunge, wie er wegen seiner zahlreichen Tore genannt wurde, 1981 zu den Boca Juniors. Bereits im ersten Jahr im Verein erzielte der damals Einundzwanzigjährige in vierzig Spielen achtundzwanzig Treffer. Genug, um sofort bei den großen Vereinen in Europa ins Gespräch zu kommen. Nur ein Jahr später unterschrieb er beim FC Barcelona, 1984 wechselte er für die Rekordsumme von umgerechnet zwölf Millionen Euro zum SSC Neapel.

Zwar gewann Maradona mit Neapel 1987 und 1990 die italienische Meisterschaft, 1989 den UEFA-Pokal. In Italien begann aber auch sein Abstieg. So wurden ihm Drogenmissbrauch und Kontakte zur Camorra vorgeworfen. 1991 wiesen ihm italienische Dopingkontrolleure nach einem Ligaspiel die Einnahme von leistungsfördernden Mitteln nach. Maradona flüchtete darauf nach Argentinien, wo er wenig später wegen Kokainbesitzes verhaftet wurde. 1994 schien sein Schicksal endgültig besiegelt: Als bei der Weltmeisterschaft in den USA die verbotene Substanz Ephedrin in seinem Blut festgestellt wurde, schloss die FIFA Maradona aus dem Turnier aus. »Sie hacken mir die Beine ab«, sagte er später unter Tränen. »Ich habe aufgegeben, meine Seele ist zerstört.« Den ehemaligen FIFA-Präsidenten João Havelange bezichtigte er, ihn zu Werbezwecken missbraucht, dann aber wie einen heißen Stein fallen gelassen zu haben. Zwar kam Maradona nach dem Absitzen seiner Strafe noch einmal zurück, die Erfolge der achtziger Jahre blieben jedoch unerreicht. Nach einem kurzen Gastspiel beim FC Sevilla beschloss er seine Karriere 1997 bei den Boca Juniors.

Der sportliche Kampf war damit beendet, der private allerdings nicht, denn die Drogenexzesse gingen auch nach seinem Karriereende weiter. Am 4. Januar 2000 erlitt Maradona während eines Aufenthalts im uruguayischen Badeort Punta del Este nach einer Überdosis Kokain einen Herzinfarkt. In einer Nacht-und-Nebel-Aktion wurde er zurück nach Buenos Aires transportiert, wo er zunächst im Krankenhaus behandelt wurde. Später verlegte man ihn in eine Nervenklinik. »Die Leute hier sind verrückt«, erzählte Maradona noch während seines Aufenthalts. »Es gibt da einen Typen, der behauptet, er sei Napoleon, und alle glauben ihm. Ich bin Diego Maradona, aber keiner nimmt mir das ab.« Nach seiner Entlassung unterzog er sich einer Entziehungskur bei seinem Freund Fidel Castro auf Kuba. Doch auch das half nichts. Im April 2004 erlitt Maradona einen erneuten Herzinfarkt. Auf fast hundertdreißig Kilo aufgedunsen und gezeichnet von den jahrelangen Alkohol- und Drogenexzessen, rang er in der Clínica Suizo im vornehmen Stadtteil Recoleta mit dem Leben. Tausende Argentinier hielten in dieser Zeit Mahnwachen vor dem Krankenhaus, legten Genesungswünsche und Grußbänder ab.

Wie durch ein Wunder überlebte Maradona auch diese schwere Stunde – und schreibt bis heute Geschichte und Geschichten. Von 2008 bis 2010 war die Hand Gottes argentinischer Nationaltrainer. Nach dem Null-zu-Vier im Viertelfinale bei der WM in Südafrika im Jahr 2010 wurde er entlassen. Weitere Stationen als Trainer bei Al-Wasl FC in Dubai, beim Zweitligisten Al-Fujairah SC im Emirat Fudschaira, beim weißrussischen Erstligisten Dynamo Brest und beim mexikanischen Zweitligisten Dorados de Sinaloa waren weniger aufsehenerregend. Im September 2019 wurde Maradona Trainer bei Gimnasia y Esgrima La Plata, dem zu diesem Zeitpunkt Tabellenletzten der argentinischen Primera División.

Bis heute lieben die Fans ihr Idol für seine Tore, seine Geschichten. Und bis heute, mehr als zwanzig Jahre nach seinem letzten Punktspiel für die Boca Juniors am 25. Oktober 1997, das mit einem Zwei-zu-eins-Sieg ausgerechnet bei River Plate endete, feiern sie ihren Goldjungen. Menschen in ganz Argentinien haben sich Konterfeis des Fußballers auf die Arme, die Waden, die Brust und den Rücken tätowiert. Es gibt Hunderte Videos ihres Idols auf Youtube. Fernsehsender und Magazine auf der ganzen Welt verfolgen bis heute jeden Schritt des Unfehlbaren. 2019 ehrte der britische Regisseur Asif Kapadia den Fußballer in einem sehr gelungenen Kinofilm über Maradonas Zeit in Neapel.

Es ist zwei Uhr nachts. In Ituzaingó neigt sich der Abend dem Ende zu. Die letzten Maradona-Jünger verlassen den Saal. Diego ist zwar an diesem Abend nicht gekommen. Hernán, Héctor und Alejandro blicken ein wenig traurig drein. Insgeheim hatten sie schon gehofft, gemeinsam mit ihrem Idol feiern zu können, doch daraus wurde nichts. »Maradona hat unsere ungeteilte Liebe, auch wenn er nicht gekommen ist«, nimmt Amez sein Idol in Schutz. »Wir bewundern ihn gerade deswegen, weil er wie wir fehlbar ist.« Viele seiner Alkohol- und Drogenexzesse, das uneheliche Kind, das er in Neapel mit einer Italienerin gezeugt haben soll, seine Verstrickungen in die Aktivitäten der Mafia und all die kleinen und größeren Steuerbetrügereien sind für seine Anhänger längst vergessen. Selbst dass er 1993 aus dem Fenster seines Hauses in Buenos Aires mit einer Schrotflinte auf Journalisten schoss, von denen vier verletzt wurden, haben sie ihm verziehen. Nur eines nagt noch an so manchem Fan: Warum hat Diego bei der Eins-zu-null-Niederlage im Weltmeisterschaftsfinale 1990 gegen Deutschland versagt? Amez kennt darauf eine einfache Antwort: »Da hat Gott gezeigt, dass er eben nicht perfekt ist. Er hat getan, was er konnte. Noch mehr von ihm zu verlangen, das wäre nun wirklich zu viel.«

Freuds Freuden

In keiner anderen Stadt auf der Welt ist die Dichte von Psychoanalytikern so groß wie in Buenos Aires. Eine Stadt auf der Couch

Es ist ein Donnerstagabend um kurz nach einundzwanzig Uhr, beste Sendezeit. *Radio Mitre AM 790*, die Sendung heißt »Noche de diván«. »Herr Rolón, ich habe da ein Problem«, sagt eine zittrige Stimme. »Gibt es ein Hausrezept gegen Depressionen?« Einen Moment lang herrscht Stille, ein kurzes Räuspern. »Nein, nicht wirklich. Ich kann Ihnen ein paar allgemeine Tipps geben wie: Gehen Sie öfter aus, kommen Sie unter Leute, setzen Sie sich mal in einen Park zum Lesen, aber das haben Sie sicher schon versucht.« Ein zustimmendes Grummeln am anderen Ende der Leitung. »Ich sage es Ihnen ehrlich, in den meisten Fällen erfordert so ein Problem professionelles Eingreifen. Haben Sie keine Angst vor Psychotherapeuten. Wer hingeht, ist nicht verrückt.« Wieder ein zustimmendes Geräusch. »Gerne helfe auch ich Ihnen weiter, schreiben Sie mir einfach nach der Sendung, dann machen wir ein persönliches Gespräch aus.« – »Vielen Dank, das würde mir sehr helfen«, sagt die Stimme. »Danke Ihnen für den Anruf«, erwidert der Sprecher. »Bis bald und Glückauf.«

Für einige Minuten schallt an diesem Abend des Jahres 2007 Musik über den Äther. Ein Schmachtfetzen irgendeines Latino-Barden. Dann ist der nächste Anrufer in der Leitung. »Hallo, Gabriel Rolón hier, mit wem spreche ich bitte?« Der heute neunundfünfzigjährige Rolón ist seit beinahe zwei Jahrzehnten so etwas wie ein Star in Buenos Aires. Junge Mädchen sind ihm verfallen, Hausfrauen verehren seine einfühlsame Art, auf ihre Probleme einzugehen, ja selbst gestandene Männer schütten ihm in aller Öffentlichkeit ihr Herz aus. Rolón ist einer der populärsten Psychotherapeuten Argentiniens. Auf der Straße kommt er kaum unerkannt davon, sein Gesicht ist im ganzen Land bekannt. Rolón therapiert im Radio, im Fernsehen, im Internet und natürlich in seiner eigenen Praxis. Und das Geschäft läuft prächtig. Die Sitzungen sind dank der ständigen Präsenz in den Medien stets ausgebucht. Sein Buch »Historias de diván«, Geschichten von der Couch, das reale Fälle seiner Patienten beschreibt, wurde zum Bestseller. Drei seiner Werke sind sogar auf Deutsch erschienen.

Natürlich, könnte man sagen, gibt es solche Erfolgsgeschichten überall, natürlich haben Sendungen, in denen Menschen vor einem Millionenpublikum ihr Herz öffnen, auch in den USA und in Europa Erfolg, natürlich ist der Seelenstriptease in den Medien seit Jahren in der ganzen Welt ein Quotenrenner. Doch nirgendwo, nicht einmal im zivilisationsgeschädigten New York, ist Psychologie im breiten Volk so verankert wie in Buenos Aires. »Die Zahl der Psychotherapeuten steigt stetig«, sagt Hugo Pisanelli, seit einundzwanzig Jahren Präsident der Therapeutenvereinigung Psicólogos y Psiquiatras de Buenos Aires. Mitte der siebziger Jahre, zu Zeiten der Militärdiktatur, gab es in ganz Argentinien gerade mal fünftausend Psychotherapeuten, zwei Jahrzehnte später waren es schon vierzigtausend, heute sind es mehr als achtzigtausend. Auf hundertdreißig Einwohner kommt in Buenos Aires ein Therapeut, in New York ist es einer auf siebenhundert, in Berlin gerade mal einer auf zweitausend. Der Hype ist so groß, dass sogar ein ganzer Stadtteil nach dem größten Vorbild der argentinischen Therapeutenschaft benannt wurde: Villa Freud, das Freud'sche Dorf, nennen sie das Viertel Palermo im Volksmund, das sich über Dutzende Querstraßen an der Avenida Santa Fe entlangzieht. Nirgendwo sonst in Buenos Aires ist die Therapeutendichte so groß wie an diesem Ort. Kaum ein Haus gibt es hier, in dem nicht mindestens ein *consultorio* untergebracht ist. Ganz Palermo ist eine große Gemeinschaftspraxis, eine spirituelle Oase inmitten der Großstadt, in der sich Buenos Aires zur wöchentlichen Sitzung mit seinem *psicólogo* oder seiner *psicóloga* trifft.

Wer die Schuld trägt an diesem Boom, darüber wird viel spekuliert. Fest steht, dass man weit zurückgehen muss in der Geschichte Argentiniens, um das Phänomen zu erklären. Wer heute in Buenos Aires wohnt, der ist in der Regel Nachkomme von Einwanderern, von Italienern, Spaniern, Basken, Kroaten, Walisern, Schotten, Engländern oder Deutschen. Ende des 18. Jahrhunderts flohen viele der Zugereisten vor den schlechten wirtschaftlichen Bedingungen in ihrer Heimat an den Río de la Plata. Der mexikanische Schriftsteller und Nobelpreisträger Octavio Paz hat einmal geschrieben:

»Die Mexikaner stammen von den Azteken ab. Die Peruaner von den Inka. Die Argentinier kommen von den Schiffen.« Ein *porteño*, sagt ein Sprichwort, ist ein seiner Heimat beraubter Italiener, der Spanisch spricht und wünscht, er wäre ein Engländer. Diese Zerrissenheit machte die Seelen der Einwanderer zum idealen Nährboden für die Theorien Sigmund Freuds und anderer Größen ihrer Zeit wie des Franzosen Jacques Lacan. Mit den Einwanderern schwappte die Psychowelle über den Atlantik an den Río de la Plata.

Die politische und wirtschaftliche Entwicklung des 20. Jahrhunderts spielte den Psychotherapeuten weiter in die Hände. Noch um 1920 gehörte Argentinien zu den zehn reichsten Ländern der Erde. Tausende Tonnen Rindfleisch verschifften die Schlachtereien täglich von Buenos Aires in die ganze Welt, eine riesige Produktionsmaschinerie hing daran. Doch plötzlich ging es mit dem Land bergab. Weltwirtschaftskrise, wechselnde Militärregime und Korruption machten Argentinien zu dem, was es heute ist: ein zerrissenes Land, das planlos dahindümpelt, ohne den großen Ansprüchen seiner Bewohner auch nur ansatzweise gerecht zu werden. Nie kam Argentinien nach den goldenen Jahren um die Jahrhundertwende wieder auf die Beine, nie erholte es sich von den großen Umwälzungen, die nach 1930 das ganze Land erfassten. Zwar ging es immer wieder bergauf, in den fünfziger Jahren unter General Perón und Ende der Achtziger in der ersten Amtszeit Carlos Menems, doch die Blüte war stets nur von kurzer Dauer. Kein Land hat seinen Reichtum in so kurzer Zeit so systematisch verprasst wie das Land am Río de la Plata.

Als der über die Jahrzehnte angehäufte Schuldenberg in den neunziger Jahren immer größer wurde, gab es für die Regierung nur noch eine Lösung: den Verkauf der Staatsunternehmen und der nationalen Ressourcen. Zahlreiche ehemalige Staatsmonopole wie der Stromerzeuger Endesa, der Gasanbieter Gas Natural, die Telefongesellschaft Telefónica und die Fluggesellschaft Aerolíneas Argentinas wurden zu Schleuderpreisen an ausländische Unternehmen verscherbelt, um mit dem Geld die Schulden zu zahlen. Allein aus Spanien wurden in zehn Jahren vierzig Milliarden Dollar in Argentinien investiert. Doch die Maßnahmen konnten den Zusammenbruch nicht abwenden. 2001 musste die Regierung in Buenos Aires den Staatsbankrott erklären. Der Peso, der jahrelang eins zu eins an den US-Dollar gekoppelt war, wurde abgewertet, viele Argentinier verloren bis zu drei Viertel ihrer Ersparnisse. Beinahe zwanzig Jahre ist das her. Seitdem kommt Argentinien nicht mehr auf die Beine.

In diesem Klima der Unsicherheit, in dieser Zeit der ständigen Zweifel, was morgen wird, fiel die Arbeit der Psychotherapeuten auf fruchtbaren Boden. Was den Argentinier noch heute schwer belastet, ist der Kontrollverlust über sein Land. Nie in den vergangenen acht Jahrzehnten war er sein eigener Herr, immer waren es die Oberen, die Reichen, die Politiker, die das Land finanziell ausbeuteten, es mehrfach an den Rande des Ruins trieben. Niemand kann sich deshalb so heftig über Politiker erzürnen wie ein Argentinier, niemand kann sich so lautstark echauffieren über gekaufte Firmenbosse und bestechliche Industrielle. In Argentinien, diesem unsteten Land, kann man sich auf nichts verlassen: nicht auf die Politik, nicht darauf, eine geregelte Arbeit zu haben, ja noch nicht einmal darauf, dass einen der Bus am Morgen pünktlich ins Büro bringt – es könnte ja wieder gestreikt werden. In einem solchen emotionalen Chaos ist der Argentinier eigentlich ständig auf der Suche nach dem eigenen Ich. Deswegen verfügt Buenos Aires heute über die größte Psychotherapeutendichte weltweit, deswegen wagt manch *porteño* an einem Tag einen Sprint, um am nächsten wieder am Stock daherzukommen. Der Argentinier kommt aus dem Hamsterrad seiner Gefühle nicht heraus.

In dieser zerrissenen Welt haben sich Depressionen, Panikattacken, Phobien und Ängste, aber auch Bulimie und Magersucht breitgemacht wie ein Krebsgeschwür, ja sie haben sich zu regelrechten Gesellschaftskrankheiten entwickelt. Es gibt heute kaum einen Argentinier, der nicht an einem der Symptome leidet, und kaum einen, der deswegen nicht zum Psychotherapeuten geht. Auch das Thema Geld spielt für das Unwohlsein eine immer größere Rolle. Bis zur Wirtschaftskrise wurde zwar viel gejammert, aber irgendwie war doch immer genügend Geld vorhanden, um sich Annehmlichkeiten leisten zu können wie eine Reise in die USA oder nach Europa oder den Sommerurlaub mit der ganzen Familie im schicken Punta del Este im benachbarten Uruguay. Der Argentinier war ein Beschaffungskünstler. Seit 2001 aber sind solche Extravaganzen passé. Selbst in vielen

Mittelklassefamilien reicht das Einkommen gerade noch für das Nötigste. Große Sprünge machen kann keiner mehr. Immerhin geht man am Río de la Plata offen mit seinen Problemen um. Ein *porteño* redet so frank und frei über den Gang zum Therapeuten, als ginge es um den Einkauf im Supermarkt, den Besuch beim Friseur oder einen Abend im Theater. *Mañana voy al psicólogo* ist eine der wohl am häufigsten gehörten Phrasen in ganz Buenos Aires. Morgen gehe ich zum Psychologen. Diese Überdosis an Psychologie, die dem Argentinier verabreicht wird, spiegelt sich auch in der Sprache wieder. In keinem anderen Land kommen so viele psychologische Begriffe im täglichen Gebrauch vor wie in Argentinien. Worte wie *histérico, fóbico, neurótico, paranoico* und *anoréxico* gehören zum ganz normalen Wortschatz beinahe jedes Einheimischen.

Aus der Sicht von Außenstehenden mag es bisweilen ein wenig befremdlich klingen, die Argentinier so reden zu hören. Gleich das ganze Land aufgrund seines Psychospleens für verrückt zu erklären, das geht vielen dann aber doch zu weit. »Die Menschen hier sind nicht neurotischer als in anderen Ländern«, nimmt Hugo Pisanelli seine Landsleute in Schutz. »Sie sind einfach besser informiert. Wir haben eine lange Tradition der Verbreitung von psychologischen Themen über die Medien. Viele Menschen hier wissen, dass gewisse Probleme, die sie im Alltag haben, mit Psychologie zu tun haben, deshalb gehen sie gleich damit zum Psychotherapeuten.« Und in der Tat: Nicht nur die Tageszeitungen in Buenos Aires haben regelmäßig

Psychologieseiten, auch andere Medien behandeln das Thema oft und ausführlich. Im Fernsehen, im Radio, im Internet: Vor allem die Psychoanalyse Sigmund Freuds ist in Buenos Aires allgegenwärtig. Nirgendwo anders erfahren die Theorien Freuds so große Breitenwirkung wie im brodelnden Moloch am Río de la Plata, an keinem Ort der Welt hat der Wiener Neurologe heute noch so viel praktische Relevanz. An fast jedem Kiosk, in beinahe jedem Buchladen gibt es Freuds Schriften zu kaufen. Jeder Taxifahrer, jede Verkäuferin, ja jeder Straßenkehrer kann Begriffe wie Ödipuskomplex und Über-Ich aus dem Stegreif erklären.

Wie so viele hat sich auch Gabriel Rolón, der smarte Medienpsychotherapeut mit dem rundlichen Gesicht, auf Psychoanalyse spezialisiert. Frühmorgens steht der Sohn eines Arbeiters auf, um sich um die ersten Klienten zu kümmern. »Weil ich das als Junge vom Land gewohnt bin.« Neben seinen Engagements als Schriftsteller, Moderator, Musiker und Schauspieler arbeitet er immer noch täglich als Analytiker. »Die Psychoanalyse Freuds ist bei uns besonders populär«, sagt Rolón. »Das hat mit unserer besonderen Geschichte, mit der Geschichte unserer Eltern und Großeltern zu tun. Die meisten unserer Vorfahren sind Exilanten aus Europa.« Fast zwei Drittel der Psychotherapeuten in Buenos Aires, schätzt der Experte, sind auch heute noch Freudianer. Dass durch Leute wie ihn, die psychologische Probleme in der Öffentlichkeit breittreten, die Zahl der Neurosen beeinflusst wird, glaubt Rolón allerdings nicht. »Natürlich macht die dauerhafte Präsenz von Psychothemen in den Medien die

Menschen offener für Psychotherapie, das ist ganz klar«, sagt er, »aber ich denke, die Leute hierzulande sind einfach ehrlicher mit sich selbst als anderswo. Wenn du Zahnschmerzen hast, gehst du doch auch zum Zahnarzt. Was hat es also Schlechtes, bei emotionalem Leid zum Therapeuten zu gehen?«

Es liegt ohnehin nicht nur am großen Angebot, dass die Psychologie in Buenos Aires in den letzten vierzig Jahren einen solchen Boom erfahren hat, sondern auch am Patienten selbst. Zurückhaltung und Bescheidenheit sind dem Argentinier seit jeher wesensfremd. Bei seinen genügsamen chilenischen Nachbarn ist er als arroganter, tollpatschiger Blender verschrien. In Chile beispielsweise erzählt man sich deshalb folgenden Witz: Wie begeht ein Argentinier Selbstmord? Antwort: Er steigt auf sein Ego und springt herunter. Natürlich kann kein Argentinier über einen solchen Scherz lachen, vor allem nicht, wenn er aus dem Mund der stets mit Argwohn über die Grenzen blickenden Nachbarn kommt. Aber ein Fünkchen Wahrheit ist dran. Bis zum heutigen Tag hält sich Argentinien für die beste Fußballnation weltweit, bis heute glaubt man am Río de la Plata, die schönsten Frauen weit und breit zu haben, bis heute wähnt man die fleißigsten Arbeiter, die besten Anwälte und die größten Philosophen auf seinem Boden zu vereinen. Wer nach Buenos Aires kommt, dem wird jeder Einheimische dies mit voller Inbrunst erzählen. Natürlich arbeitet man in Buenos Aires nicht weniger als in anderen Ländern, natürlich ist Fleiß am Río de la Plata kein Fremdwort. Trotzdem hat es Argentinien nicht weiter gebracht als seine ungeliebten Nachbarn. Diese

Diskrepanz zwischen Anspruch und Wirklichkeit treibt so manchen Argentinier in die Sinnkrise.

Es ist kurz vor Mitternacht. Die Sendung von Gabriel Rolón an diesem Abend ist mittlerweile fast drei Stunden alt. Mit der gleichen Engelsgeduld wie zu Beginn beantwortet der Psychotherapeut die Fragen seiner Zuhörer. Noch eine letzte Anruferin wird zu ihm durchgestellt. Sabrina aus Buenos Aires ist am Apparat. »Ich habe ein großes Problem«, sagt die Fünfundzwanzigjährige. »Ich glaube, ich habe mich in meinen Therapeuten verliebt, und ich weiß nicht, ob ich ihm das sagen soll oder nicht.« Wie immer eine kurze Pause. Dann legt Rolón los. Er redet davon, dass sich Klienten gerne von der Offenheit des Gesprächs mit dem Therapeuten vereinnahmen lassen, und davon, dass es sich dabei eher um eine Projektion nicht gelebter Wünsche und nicht erlebter Nähe handle als um tatsächliche Liebe. Dann rät er, das Thema in der nächsten Sitzung auf jeden Fall anzusprechen. »Denn auch um solche Probleme zu besprechen, ist ein Psychotherapeut da.« Die Anruferin scheint zufrieden zu sein mit der Antwort. Artig bedankt sie sich. »Alles Gute, ich denke an dich«, erwidert Rolón beinahe freundschaftlich. Dann haucht er ihr noch einen *beso*, einen Kuss, hinterher in die dunkle Nacht von Buenos Aires. Das ist der Stoff, der Zuhörerherzen höherschlagen lässt, Rolón der Mann, der Argentiniens verlorenen Seelen in diesen finsteren Stunden Hoffnung gibt.

Wohin der Wind dich trägt

Eine Reise durch die Unermesslichkeit Patagoniens

Als Schüler hatte ich immer davon geträumt, einmal nach Patagonien zu reisen. Es muss in der zehnten oder elften Klasse gewesen sein, als unsere Erdkundelehrerin das erste Mal davon erzählte. Frau Bruns war eine groß gewachsene, resolute Frau, die keiner an unserem Gymnasium mochte, weil sie sich so herrisch aufführte, dass sie den meisten Schülern Angst einjagte. Sie drehte einem aus allem und jedem einen Strick. Die schlimmsten Momente waren die am Anfang der Stunde, wenn sie frisch geschminkt, die blonden Haare hochtoupiert, das Klassenzimmer betrat, das Notenbuch zückte und zielsicher denjenigen an die Tafel holte, der sich garantiert nicht vorbereitet hatte. Ich war oft darunter. Noch öfter erwischte es meine Kumpels Uli und Schorsch. Sie waren so etwas wie die Sündenböcke, die für das schlechte Benehmen der ganzen Klasse geradestehen mussten. Frau Bruns hätte gut und gerne die Vorzimmerdame irgendeines hochkarätigen Managers sein können: eine Person eben, die wie eine Mauer alles Böse von ihrem Chef abhält, und die das fragwürdige Talent besitzt, Menschen in die Pfanne zu hauen. Aber sie war doch nichts anderes als eine Lehrerin. Statt Erwachsene schikanierte sie Kinder. Und das gerne und oft.

Ich weiß es noch, als ob es gestern gewesen

wäre. Wir nahmen die großen Bergketten durch: die Alpen, den Himalaja, die Rocky Mountains und die Anden. Irgendwann wurde Uli an die Tafel gerufen. Zuerst musste er die Weltkarte ausrollen und an den Kartenständer hängen. Frau Bruns machte das nie selbst. Dann ging es los. Welche großen Bergketten prägen die Oberfläche der Erde? Nennen Sie mir die höchsten Gipfel. Welches sind die größten Flüsse, die in diesen Bergen entspringen? Zuerst lief es gut für Uli, die Bergketten wusste er aus dem Effeff. Doch beim Himalaja geriet er ins Straucheln. »In welche Richtung fließen die Flüsse im Südhimalaja?«, fragte Frau Bruns, nachdem Uli ein halbes Dutzend aufgezählt hatte. »Von Süd nach Nord«, antwortete dieser. Eine kurze Pause, angespannte Stille. Dann brach es aus der Lehrerin heraus. »Ja bist du wahnsinnig, glaubst du wirklich, die fließen alle bergauf?«, prustete sie wütend heraus. Uli wurde blass, konnte sich das Lachen über ihren Wutausbruch aber nicht verkneifen, was sie noch rasender machte. Natürlich hatte sie recht. Flüsse können nicht bergauf fließen, das wusste die ganze Klasse. Der kurze Aussetzer kostete einen negativen Vermerk. Penibel genau notierte die Lehrerin das Nichtwissen in ihrem Notenbuch.

In einer der darauffolgenden Stunden nahmen wir die Anden durch. Frau Bruns erklärte uns in ihrer gewohnt trockenen Manier, dass die Anden vor etwa sechzig Millionen Jahren durch Auffaltungen am Berührungspunkt der Südamerikanischen Platte und der Nazca-Platte entstanden seien. Mit siebentausendfünfhundert Kilometern seien sie die längste über Wasser liegende Bergkette der Erde.

Schließlich fiel auch das Wort Patagonien. Dieses windumtoste Nichts am Südzipfel Südamerikas, sagte die Lehrerin, sei zweimal so groß wie Deutschland und habe nicht einmal so viele Einwohner wie Hamburg. Siebenhundertfünfundsechzigtausend Quadratkilometer, etwas mehr als eine Million Menschen und achtmal so viele Schafe: Das war der Moment, in dem ich mich mit dem Patagonien-Virus infizierte. Ich war von dem Gedanken elektrisiert, einmal ans andere Ende der Welt zu reisen, an einen Ort, an dem es nichts gab außer kilometerlangen Weidezäunen und den immerwährenden Wind. Ich will nicht sagen, dass dies der Auslöser war, mein Faible für Argentinien zu entwickeln, aber es ebnete den Weg für eine lange Liebe für dieses weite Land.

Ich kam mit vierundzwanzig das erste Mal nach Patagonien, doch das war eher per Zufall. Ich war mit meiner damaligen Freundin Saskia und ihrer Klassenkameradin Moni in Chile unterwegs. Wir waren noch Studenten und hatten uns für wenig Geld Flugtickets nach Santiago gekauft, so wie es Studenten eben machen, wenn sie sich frei fühlen, die ganze Welt ihnen zu Füßen liegt. Nach vier Wochen hatten wir fast ganz Chile bereist, von der Atacamawüste bis ins chilenische Seenland. Wir hatten Vulkane bestiegen, Geysiren beim Sprudeln zugesehen, Salzseen durchwandert und waren Tausende von Kilometern mit öffentlichen Bussen gefahren. Wir hatten Zigtausende Höhenmeter hinter uns gebracht und waren von den kargen Wüstenlandschaften des Nordens bis hin zu den üppigen Araukarienwäldern des Südens bald überall gewesen. Tag und Nacht waren wir auf den Beinen, um möglichst viele Eindrücke aus dieser fremden Welt aufzusaugen. Doch natürlich ist Chile nichts ohne seinen Süden, ohne die riesigen Gletscher, die sich wie ein archaischer Panzer aus Eis über das Land legen. Wir beschlossen also, auch diese beschwerliche Reise auf uns zu nehmen.

Um von Chile nach Chile zu gelangen, gibt es nur einen einzigen Weg: den durch Argentinien. Irgendwann in den siebziger Jahren des vergangenen Jahrhunderts hatte der chilenische Diktator Augusto Pinochet mit dem Bau der Carretera Austral begonnen. Von Puerto Montt, der letzten größeren Stadt Zentralchiles, sollte sie möglichst weit nach Süden führen. Tausende Arbeiter schufteten fast zwei Jahrzehnte, um den Weg durch die Anden zu bahnen. Sie frästen sich durch Regenwald und *pampa*, bauten Brücken über reißende Flüsse und tiefe Schluchten, arbeiteten unter schwersten Bedingungen in Fjorden, an Gletschern und unter Vulkanen. Doch irgendwann mussten sie vor etwas noch Größerem kapitulieren als den Bergriesen der Anden: dem patagonischen Inlandeis. Nach den beiden Polen gilt der patagonische Eispanzer als das drittgrößte zusammenhängende Eisfeld der Erde. Ein unüberwindbares Hindernis. Noch heute endet die Straße nahe dem kleinen Städtchen Villa O'Higgins rund tausendzweihundert Straßenkilometer südlich von Puerto Montt. Bis heute führt an Argentinien kein Weg vorbei, wenn man in den Süden Chiles will.

Wir gelangten also mehr durch eine günstige Fügung nach Patagonien, als dass wir dies wirklich geplant hätten. Achtunddreißig Stunden, sagte uns der Mann am Ticketschalter in Puerto Montt, würde die Busfahrt über Argentinien ins chilenische Punta Arenas an der Magellanstraße dauern. Allein der Name Magellanstraße löste bei mir Bauchkribbeln aus. Wir stiegen früh am nächsten Morgen in den Bus ein. Bis unter das Dach waren die Gepäckfächer vollgeladen, vollgestopft mit Essen und Geschenken. Jeder einzelne Passagier hatte ungefähr eine halbe Tonne Mitbringsel für seine Freunde und Verwandten in der Ferne dabei. Säckeweise Bonbons und Süßigkeiten, Kinderspielzeug, ja ganze Fahrräder wuchteten die Helfer in den Gepäckraum. Der Bus sah aus wie der Gabenschlitten des Weihnachtsmanns, nur ohne Kufen.

Die Strecke von Osorno über San Martín de los Andes und San Carlos de Bariloche ist eine der schönsten des Kontinents. Nicht, dass es nicht andere wundervolle Anden-Überquerungen gäbe, aber dieser liebliche Übergang in geschwungenen Kurven durch die immergrüne Bergwelt der Südanden betört die Sinne. Gemächlich brummte der Bus durch die chilenische Seenlandschaft. Hier erhob sich die Spitze eines Vulkans, dort funkelte ein See im Morgenlicht. Stunde um Stunde ging das so. Auf das rege Treiben an Bord wirkt die Landschaft in diesem Teil Südamerikas wie eine Beruhigungspille. Die schillernde Vielfalt der Seen, die unendliche Zahl der Berge, die sich rechts und links des Weges wie Pyramiden auftürmen, der kobaltblaue Himmel: All das hat etwas von den Alpen, von Österreich und von der Schweiz. Saskia und Moni verschliefen vielleicht genau aus diesem Grund den größten Teil der Fahrt. Doch als am späten Nachmittag Bariloche in Argentinien erreicht ist, sind auch sie wieder wach.

Natürlich kann man sagen, dass Bariloche aufgrund des boomenden Ski-Tourismus und der High Society aus Buenos Aires, die hier auch im Sommer verkehrt, mittlerweile ein Touristennest geworden ist. Natürlich wird in den Andenkenläden allerlei Plastiknippes wie Kaffeebecher mit dem Konterfei Maradonas, Postkarten mit dem Gesicht Evitas und Outdoorbekleidung aus Polyester statt aus Schurwolle verkauft. Natürlich will auch die feinen Schmuckläden mit all ihren Swarovski-Halsketten und Fossil-Uhren nicht wirklich jemand sehen. Aber lässt man die paar Hundert Meter Geschmacklosigkeit einmal außen vor, so ist die Landschaft, in die das Spielzeugstädtchen mit seinen Fachwerkfassaden eingebettet ist, ein wahrer Traum. Glasklar spiegeln sich die Berge in den umliegenden Seen wider, allen voran der Lago Nahuel Huapi, schneebedeckt sind einige Gipfel der Anden selbst zu dieser Jahreszeit noch. Doch wir können uns nicht lange aufhalten mit dieser Schönheit, denn der Halt dauert gerade mal eine Viertelstunde, dann mahnt Pedro, der Busbegleiter, zum Aufbruch.

Es hat etwas Unwirkliches, aus dieser üppigen Landschaft in das karge patagonische Flachland zu kommen. Hinter Bariloche fällt die Straße langsam ab, bis sie sich ganz in die Ebene ergießt. Honigfarben strahlen die Grasweiden vor uns. Wie ein Aquarell liegt das goldgelbe Land im Abendlicht da. Die letzte Ansiedlung vor der baumlosen patagonischen Steppe heißt Esquel. Dahinter führt die Straße mehr als fünfhundert Kilometer geradeaus bis Rawson an der Küste des Atlantiks. Die ganze Nacht schaukelt der Bus durch diese Einöde, und als wir am Morgen aufwachen, ist sie noch immer da. Links und rechts nichts als das gelbe Pampasgras, darüber der tiefblaue patagonische Morgenhimmel. Im Bus verteilt Pedro jetzt Kekse und Kaffee, im Fernsehen läuft der Achtziger-Jahre-Klassiker »Footloose«. Ohne Ton, dafür mit spanischen Untertiteln. Pedro bemerkt unser Desinteresse am Film und setzt sich zu uns. Seit sechzehn Jahren schaukelt er bereits durch diese Landschaft, erzählt er. Einen besonderen Bezug zu ihr habe er jedoch nicht entwickelt, das sei eben seine Arbeit. »Der schönste Moment ist stets der Moment der Ankunft«, sagt er. Dann fügt er noch etwas wehmütig hinzu, dass er Frau und drei Kinder zu Hause in Puerto Montt habe. Und eine achtundneunzigjährige Großmutter.

Für den einen mag die Reise durch diese Landschaft Alltag sein, für den anderen wird sie zu einem beinahe spirituellen Erlebnis. Stunde um Stunde rollt der Bus durch das Nichts. Es ist ein maßloses Nichts, in dem man schnell das Gefühl für Raum und Zeit verliert. Quasi schwerelos gleitet man dahin, keine Menschenseele, kein Tier, ja noch nicht einmal ein Baum weit und breit. Immer wieder schweift der Blick aus dem Fenster und sucht nach irgendeinem Fixpunkt. Nur ganz selten bleibt er an etwas hängen. In der Regel sind es Kleinigkeiten wie ein Busch, ein Strauch oder eine Autospur, die sich in der Unendlichkeit verläuft. Eine halbe Ewigkeit reist man so dahin, nur Schotter unter den Rädern. Stundenlang jagt man dem

Horizont entgegen, ohne ihn jemals zu erreichen. Der französische Schriftsteller Pierre Drieu la Rochelle schrieb deswegen einst: »La Patagonie provoque une espèce de vertige horizontal.« Patagonien ruft eine Art horizontale Höhenangst hervor. Wer dieses unermessliche Land einmal durchquert hat, der weiß, was der Franzose damit gemeint hat.

Offiziell erstreckt sich Patagonien vom Río Colorado im Norden über mehr als zweitausend Kilometer bis zum Kap Hoorn im äußersten Süden des Kontinents. Eine halbe Ewigkeit, wie Bruce Chatwin in seinem Buch »In Patagonien« befand. Auch Jahrzehnte nach der Erstveröffentlichung dieses Klassikers der Reiseliteratur kommt einem Patagonien grenzenlos vor. Die Weite saugt die Erinnerung auf wie ein Schwamm. Nach einer Zeit spürt man das Rattern des Busses nicht mehr. Man fühlt die Rippen, die Wirbel, die Nieren, die Glieder nicht mehr, die durch das ewige Auf und Ab durchgeschüttelt werden wie in einem Mixer. Da ist kein Schmerz mehr, kein Gefühl mehr, nur noch dieses monotone Nichts. Aber dort, wo es nichts gibt, lebt die Fantasie: Hier in einer *estancia* leben, denke ich mir. Dann gehen mir die Szenen aus »Butch Cassidy and the Sundance Kid« durch den Kopf, dem genialen Filmepos mit Paul Newman und Robert Redford, in dem die beiden Outlaws nach einem Zugüberfall vor den Polizisten durch halb Amerika fliehen und sich am Ende in der südamerikanischen Steppe wiederfinden. Unvergessen ist die Szene, in der Butch Cassidy und Etta Place zu den Klängen von Burt Bacharachs »Raindrops Keep Fallin' on my Head« ihre akrobatisch-verliebte Fahrradfahrt absolvieren.

Die Zeit im Bus verrinnt, ohne dass man etwas davon mitbekommt. Schon nach ein paar Augenblicken weiß man nicht mehr, ob man bereits eine, zwei oder gar vier Stunden unterwegs ist. Häufig durchschneidet die Straße das Gebiet einer *estancia*. Für fünf, zehn oder zwanzig Kilometer fährt man dann zwischen zwei Zaunreihen entlang, wohl wissend, dass dies alles zu einem einzigen Anwesen gehört. Erst wenn der Eisenrost unter den Rändern rattert, ist die Grenze zur nächsten *estancia* erreicht. Die einzigen Begleiter auf diesen riesigen Viehfarmen sind Schafe. Ende des 18. Jahrhunderts brachten schottische und walisische Einwanderer sie mit nach Argentinien. Seitdem ist Patagonien auch ihr Land. Beinahe die gesamte Wirtschaft in dieser abgelegenen Region beruht auf Schafzucht. Zwischen 1930 und 1970, der Boomzeit der Schafwirtschaft, weideten viele Millionen Schafe auf Hunderten von *estancias*. Dann begann der Niedergang. Seit dem Verfall der Wollpreise in den siebziger Jahren des vergangenen Jahrhunderts wurden viele *estancias* aufgegeben oder verkauft. Der vernichtende Schlag kam am 8. August 1991 mit dem Ausbruch des Vulkans Hudson im benachbarten Chile. Binnen weniger Tage legten sich damals mehrere Millionen Tonnen Asche über das weite Land. Mit fatalen Folgen: Die Asche schliff die Zähne der Schafe zu runden Stümpfen, sie verstopfte Tränken und Wasserleitungen. Viele Tausend Tiere gingen elend zugrunde. Zwar stiegen die Preise für Wolle später wieder an, aber die großen Zeiten der Schafzucht in Patagonien sind vorbei.

Die Straße von Esquel an die Atlantikküste ist

wie so viele patagonische Straßen: eine Straße vom Nichts, durchs Nichts, ins Nichts. Bis plötzlich das Meer auftaucht. Zuerst scheint es wie eine Fata Morgana, wie sich der Horizont langsam blau färbt, dann schälen sich aus dem pastellfarbenen Untergrund die ersten Häuser von Gaiman, Trelew und Rawson. Das System dieser Städte ist einfach zu durchschauen. Alle sind sie nach demselben Schachbrettmuster angelegt. Es beginnt meist mit einer Tankstelle, ein paar Läden, dahinter erstreckt sich dann in gleichmäßigen Rechtecken die Stadt. Auch die Straßennamen sind stets dieselben: Avenida San Martín, Avenida Libertador, Calle Julio A. Roca, Calle Urquiza, Calle Belgrano, Calle 9 de Julio. Fast alle sind sie nach Befreiern, Präsidenten oder Bürgermeistern benannt. Argentiniens Geschichte ist eine kurze Kolonialgeschichte, da hat man keine große Auswahl, was Straßennamen und Plätze betrifft. Als der Bus bei Rawson die Küstenlinie erreicht, muss ich an Afrika denken. Wie sich die Landschaften hier und dort drüben doch ähneln! Welches Stück Afrika mag hier einst gelegen haben, bevor sich Südamerika und Afrika vor rund hundertfünfzig Millionen Jahren an dieser Stelle trennten. Angola? Namibia? Südafrika? Ohne es zu wissen, entscheide ich mich für Zweiteres, denn es gibt zwei Länder, die ich allen anderen vorziehe: Argentinien und Namibia. Nicht weil ich in Namibia Familie habe. Sie betreibt neunzig Kilometer östlich der Hauptstadt Windhoek eine Schaffarm. Es ist die Liebe für diese Landschaft, den Ozean aus Staub und Gras, der beiden Ländern eigen ist, die unendliche Weite, die alles verschlingt, und in der sich die Gedanken verlieren.

Von Rawson schiebt sich die Ruta Nacional número tres wie ein Pfeil in Richtung Süden. Noch immer geht es durch die patagonische Einsamkeit, nur dass jetzt alle paar Dutzend Kilometer links tintenblau das Meer auftaucht. Irgendwo an einer Tankstelle bei Comodoro Rivadavia hält der Bus an. Wir steigen aus. Saskia und Moni vertreten sich die Beine, Pedro und die zwei Busfahrer bestellen an der Theke Kaffee. Ich nehme meinen Fotoapparat und suche nach Motiven. Meine Kamera war für mich schon immer wie die Handtasche für eine Frau: Ich nehme sie überallhin mit, manchmal selbst aufs Klo. Für einen Laien mag ein solcher Ort nicht sehr fotogen sein. Aber wenn es ein Bild gibt, das mir von dieser Reise bis heute in Erinnerung geblieben ist, dann ist es ein Motiv von dieser Tankstelle. Es ist eines der wenigen Fotos, das die Weite Patagoniens, die Einsamkeit und den unablässig fauchenden Wind auf einer einzigen Aufnahme zusammenfasst. Irgendwo im Dunstkreis der Zapfsäulen stand damals ein Schild: »Buenos Aires 1848 Kilometer.« Die Schrift ist auf der Aufnahme gestochen scharf zu lesen, dahinter verläuft sich die Straße unscharf ins endlose Nichts. Und irgendwo am Horizont wirbelt der Wind eine Hose Staub auf, die so perfekt symmetrisch ist, dass man meint, ein Künstler habe sie hier ins Bild gezaubert. Dieses eine Foto sagt eigentlich alles über Patagonien aus.

Beinahe fünfunddreißig Stunden ist der Bus mittlerweile unterwegs. Bei Río Gallegos überquert er die chilenische Grenze, wenig später rollen wir in Punta Arenas ein. Nicht, dass chilenische Kleinstädte sich in irgendeiner Form von argentinischen unterschieden. Ganz im Gegenteil: Auch Punta Arenas ist nach dem immer gleichen Schachbrettmuster aufgebaut. Dennoch ist es ein sympathisches Städtchen: englische Bauten der Jahrhundertwende, helle Hausfassaden, bunte Dächer. Die Stadt schmiegt sich an einen Hang mit Blick auf die schaumgekrönte Magellanstraße. Bis 1914, dem Jahr, in dem der Panamakanal eröffnet wurde, führte der kürzeste Seeweg von New York nach San Francisco genau hier vorbei. Hunderte Schiffe gingen damals in der rauen See unter. Heute ist der Verkehr nicht mehr ganz so stark. Ungemütlich ist es an diesem Tag trotzdem. Der Wind bläst aus vollen Rohren. Er weht aus der Antarktis heran, türmt die Wellen auf dem Wasser auf und treibt in atemberaubender Geschwindigkeit Wolken vor sich her. Mal in Fetzen, mal in Klumpen, mal wie zottelige Männerbärte, dann wieder wie lange Wattefäden. Wenn der Wind in Punta Arenas zum Angriff bläst, dann weht er Schafe weg, lässt Bäume quer wachsen und wirft manchmal sogar Menschen aus dem Stand.

Wir beschließen, uns nicht länger hier aufzuhalten. Nicht nur um dem Wind ein Schnippchen zu schlagen, sondern auch um die verbleibenden vier Tage zu nutzen, um zwei der großen Höhepunkte Patagoniens zu besuchen: den Nationalpark Torres del Paine auf chilenischer Seite und sein argentinisches Pendant, den Parque Nacional Los Glaciares. Die Piste, die uns und den angemieteten kaffeefarbenen Chevrolet Celebrity, Baujahr 1984, am nächsten Morgen erwartet, ist steinig und mit tiefen Schlaglöchern übersät. Wir schaffen es dennoch bis zu den Torres del Paine, jener famosen Berg- und Gletscherlandschaft nahe der Grenze zu Argentinien, die weltweit ihresgleichen sucht. Wie eine Galerie aus Granit reihen sich die nadelartigen Gipfel der Bergtürme vor uns auf. Davor liegt der Lago Grey, ein perlmuttfarbener See, in dem leuchtend blaue Eisblöcke wie Klosteine schwimmen. Die Türme sind nicht nur ein einzigartiges Naturwunder, sie sind zugleich einer der letzten Höhepunkte an der Ruta Nacional cuarenta, einer der längsten inländischen Straßen der Welt. Von La Quiaca an der bolivianischen Grenze führt sie über fünftausenddreihundert Kilometer immer an den Anden entlang bis in den äußersten Südosten Patagoniens ans Cabo Vírgenes. Auf ihrem Weg führt sie vorbei an fast zwei Dutzend Naturreservaten und Hunderten von Andengipfeln.

Doch uns läuft die Zeit davon. In drei Tagen geht der Flieger zurück nach Santiago. Deswegen beschließen wir, ohne lange Pause zum Perito-Moreno-Gletscher im nur einen Steinwurf entfernten Argentinien weiterzufahren. Die Nacht verbringen wir unter immergrünen Bäumen am Lago Argentino. Der Gletscher ist drei Kilometer von uns entfernt, aber die Kälte ist selbst hier noch zu spüren. Zwei Grad zeigt das Thermometer um neun Uhr abends an. Kein Wunder bei diesen Eismassen: Die mächtige Zunge des Perito Moreno ist mehr als dreißig Kilometer lang, fast fünf Kilometer breit, seine Eiswand bis zu achtzig Meter hoch. Doch es ist nicht eine einzelne Wand, die dem Gletscher sein Gesicht gibt, es ist ein sich täglich veränderndes Gedränge aus Türmen, Pfeilern, Zinnen und Orgelpfeifen, das ihn formt. Bis heute ist der Perito Moreno einer der wenigen Gletscher der Erde, die noch wachsen. Oft über viele Jahre schiebt er seine Nase in den Lago Argentino, bis er auf der gegenüberliegenden Seite auf die Felsen trifft. Dabei wird ein Arm des Sees völlig abgetrennt. Bis zu zwanzig Meter staut sich das Wasser in diesem Flussteil auf, bis der Druck das Eis irgendwann unter ohrenbetäubendem Lärm wegsprengt. Eine riesige Flutwelle ergießt sich dann in die andere Hälfte des Lago Argentino und schwemmt tonnenschwere Eisbrocken durch den See. Ein aberwitziges Schauspiel, das nur alle Jubeljahre stattfindet. Das letzte Mal am 12. März 2018, das vorletzte Mal im Jahr 2008.

Auf dem Rückweg vom Perito Moreno am nächsten Morgen pfeift der alte Chevy aus dem letzten Loch. Die vielen Schlaglöcher haben ihm mächtig zugesetzt, doch wie durch ein Wunder erreicht er sein Ziel. Am nächsten Morgen sitzen wir ausgeruht im ersten Flieger nach Santiago. Es ist eine kleine Mutprobe, in Punta Arenas in ein Flugzeug zu steigen. Bei den paar Schritten vom Flughafengebäude über das Rollfeld bläst einen der Wind fast aus den Schuhen. Die ersten Minuten in der Luft gleichen einem Rodeoritt. Der Wind zupft, zerrt und zieht am Flugzeug, als ob es kein Morgen gäbe. Kurz nach dem Start wird die alte Boeing der LAN Chile von einer Böe erfasst, scheint für Augenblicke außer Kontrolle zu geraten. Sekunden später fällt sie in ein Luftloch. Für Momente hängen unsere Mägen im schwerelosen Raum. Dann beruhigt sich der Flug. Der Himmel ist jetzt glasklar. Unter uns zeichnen sich zuerst die Torres del Paine ab, dann folgt der Lago Argentino. Die Eisberge im pistazienfarbenen Wasser sehen von hier oben aus wie Crushed Ice in einem Cocktailglas. Sekunden später schiebt sich der Moreno-Gletscher ins Blickfeld. Es ist ein atemberaubender Anblick, wie sich die riesige Eismasse über mehrere Dutzend Kilometer bergabschiebt und schließlich in den Lago Argentino ergießt. »Wir sind exzellent in der Zeit«, sagt der Pilot über Lautsprecher. »Mit Ihrem Einverständnis drehe ich noch eine Runde, so gut ist die Sicht hier selten.« Applaus von den Passagieren. Der Flieger steht jetzt beinahe senkrecht in der Luft. Das Sonnenlicht fällt in Kaskaden durch die Fenster in die Kabine. Grell leuchtend zieht erneut die hellblaue Zunge des Perito Moreno am Fenster vorbei, leckt für Sekunden am Lago Argentino. Der See funkelt silbern im Gegenlicht. Ein letztes Mal blinzelt Patagoniens größte Pracht durch das Plexiglas herein. Dann macht der Flieger eine Schleife und dreht in weitem Bogen in Richtung Norden nach Santiago de Chile ab.

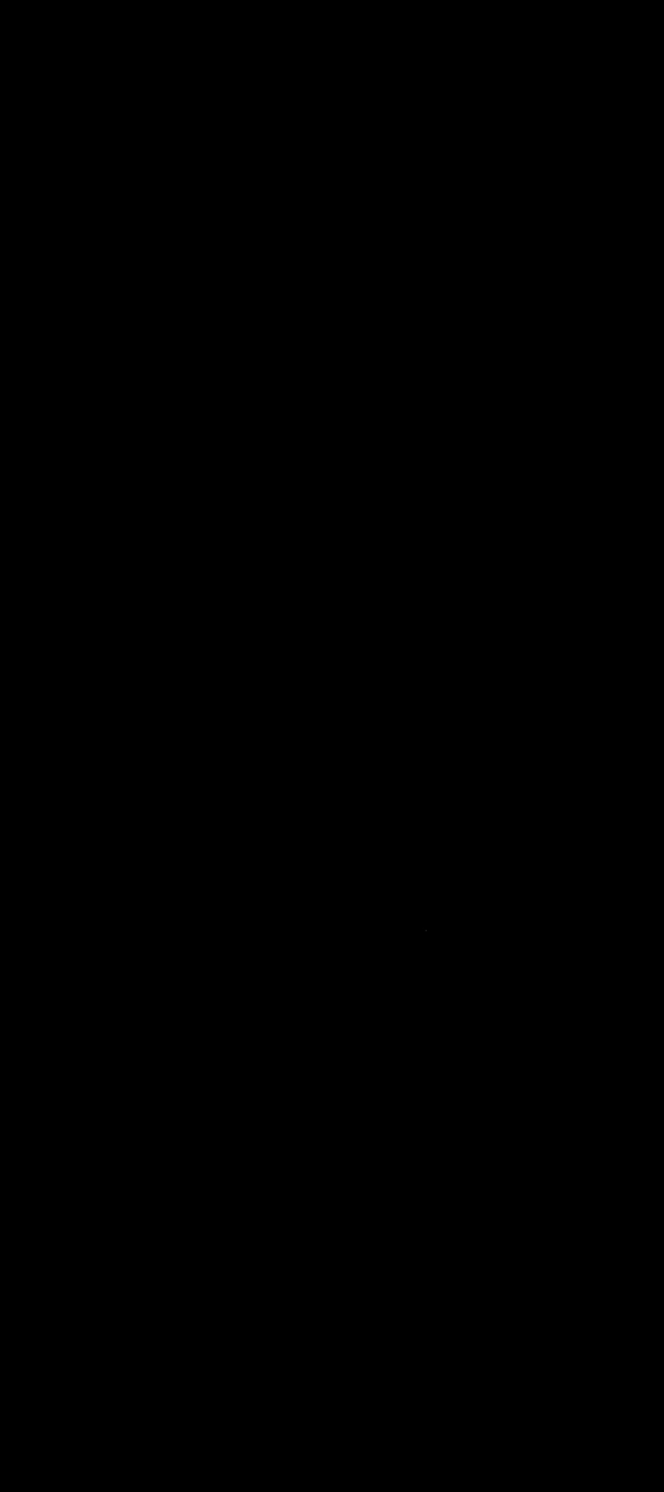